므두셀라

므두셀라

© 김선옥, 2025

초판 1쇄 발행 2025년 4월 2일
2쇄 발행 2025년 5월 23일

지은이   김선옥
펴낸이   이기봉
편집   좋은땅 편집팀
펴낸곳   도서출판 좋은땅
주소   서울특별시 마포구 양화로12길 26 지월드빌딩 (서교동 395-7)
전화   02)374-8616~7
팩스   02)374-8614
이메일   gworldbook@naver.com
홈페이지 www.g-world.co.kr

ISBN   979-11-388-4129-0 (03230)

므두셀라

✦ 시한폭탄을 달고 태어난 아기 ✦

김선옥 지음

좋은땅

저는 오랫동안 강승천 김선옥 선교사 부부와 친구처럼 동역했습니다.

강승천 김선옥 선교사 부부는 아프리카 가나 어린이 선교를 위해 자신의 평생을 바쳐 그 땅에서 34년을 선교하고 계십니다. 세계기도정보 보고서에 따르면 아프리카 가나 기독교인 수가 1900년에 5% 미만이었지만 2020년에 73%까지 증가했다고 했습니다. 가나의 기독교 복음화 한 부분을 희생으로 채우신 분이 두 분 선교사님입니다.

예수님께서 마지막 종말의 때에 대하여 "이 천국 복음이 모든 민족에게 증언되기 위하여 온 세상에 전파되리니 그제야 끝이 오리라"(마 24:14) 말씀하셨습니다.

"~하면 끝이 오리라" 심판의 말씀이 구약 성경에도 이미 있었습니다. 바로 므두셀라입니다.

므두셀라는 969세 가장 오래 산 사람으로 알려져 있고, 또 하나 그 이름을 통해 노아 홍수심판을 경고한 심판의 메신저로 알려져 있습니다. 므두셀라 이름은 '메투 셀라흐'로 '창 던지는 자'란 뜻입니다. 아더 핑크는 '그가 죽으면 마지막 심판이 온다'라는 뜻으로 해석했습니다. 그 이유는 고대 근동에서는 도시마다 창을 들고 수호하는 수호자가 있는데 그 사람이 죽으면 그 도시가 멸망한다고 전해졌기 때문입니다. 그래서 므두셀라, '메투 살라흐'의 다른 뜻으로 '그가 죽으면 끝이 온다'라고 해석하기도 합니다.

노아 당시에 사람의 생각은 항상 악했고(창 6:5), 땅에는 사람들로 인한 강포(violence)가 가득했습니다(창 6:13). 하나님께서 오래전 므두셀라를 통해 홍수심판을 경고하셨습니다.

'그가 죽으면 끝이 오리라' '천국 복음이 온 세상에 전파되면 끝이 오리라'
이 세상은 노아 홍수 때처럼 악이 가득하고 주의 재림이 가까이 왔습니다. 예수 그리스도의 재림과 종말의 심판을 앞두고, 평생 복음의 말씀을 아프리카 땅에서 증언하신 선교사님이 〈므두셀라〉에 대해 글을 쓰신 것은 우연이 아닙니다. 김선옥 선교사님이 이 시대에 보낸 므두셀라이셨으며 오늘 그리스도를 따르는 우리 모두에게 므두셀라의 사명이 있습니다.
이 책을 통해 베일에 싸여 있던 므두셀라 이야기를 한 편의 드라마처럼 깊이 있게 보시면서, 천국 복음을 증언하며 그리스도의 재림을 준비하는 한국교회가 되기를 소망합니다.

조경호 목사(수원형제침례교회 선교 목사)

AI 시대에 쓴 고대 인물.

너무 안 어울리는 발상이지만

성경에서 제일 오래 산 사람으로 기억하는 므두셀라를

그리고 성경에서 그다지 므두셀라에

대해서 쓴 내용이 거의 없음에도

므두셀라를 통하여

하나님의 마음을 끄집어내어 읽게 하고

하나님의 사랑과 공의를 깨닫게 하고

하나님의 속성과 인간의 죄성을

낱낱이 저자는 비추고 있습니다.

지금도 므두셀라 때처럼

노아의 때처럼

약속하신 하나님의 말씀대로

우리 앞에는 심판이 있고

영광이 있고

죽음이 있음을 부인할 수 없음을 인정할 때

이 세상이 다인 줄 착각하고

천년만년을 살 것처럼 어리석게
살고 있는지,
영원한 생명을 주신 주님을
맞이할 신부로
준비하며 살고 있는지
부여받은 말씀을 돌아보게 하는
책이기도 합니다.

므두셀라 한 사람의 인생이 아닌
어쩌면 퍼즐과 같이
에녹과 므두셀라, 라멕과 노아에
이르기까지
하나님께서는 그의 생을 통하여
하나님의 공의와 예언을 통하여
말씀하신 대로 이루시며
므두셀라가 죽는 날
노아의 방주 문을 꽝 닫는 날에
므두셀라의 삶의 끈을 놓았습니다.

우리 모두 또한 하나님 앞에
거룩한 제사장이요 복음의 사명자로
다시 오실 예수님을 기다리는 자들로서
므두셀라의 삶은 오늘날의 신앙 고민과
세상 속에서의 진리를 품고
빛과 소금의 역할을
되새기게 하는 책이라고 봅니다.

구자옥 장로(61 선교 이사장, CEF 전 이사장)

므두셀라로 통한 하나님의 계획은 므두셀라의 아버지 에녹의 예언부터 시작하여 므두셀라의 손자 노아의 홍수 때까지 이어집니다. 이 책에서는 므두셀라가 살았던 969년 동안의 여러 사건을 풀어 나가는 여정을 므두셀라의 심경 변화를 따라 표현하고, 계속 숫자를 따라가는 신선한 재미를 상상 속에 그리고 있습니다. 그리고 므두셀라의 긴 여정 속에 드러나는 죄의 여러 모양은 오늘날에도 여전하지만, 하나님의 변함없는 계획과 역사는 성취되고 오직 구원은 예수 그리스도이심을 곳곳에 남겨 두고 있습니다.

오늘날 하나님의 사명을 받은 우리들의 나약함에도 불구하고, 오직 성령님의 강한 인도하심과 풍성하게 채우시는 능력으로 인해 우리가 험난한 세상 속에서도 승리하게 하십니다.

승리하신 우리 주 예수 그리스도로 인하여, 승리는 우리의 것임을 고백합니다.

여주봉 목사(포도나무교회 목사)

창세기 1장부터 시작되는 숫자들~

하나님의 뜻과 사랑으로 써 주신 놀라운 진리 성경 안에는

숫자로 표현한 내용이 엄청납니다.

그 많은 사건과 인물들의 숫자를 하나님께서 꼼꼼하게 써 놓으셨는데

가장 오래 산 므두셀라의 969 숫자를 따라가 보는 것도 참 신나는 일입
니다.

그 시대의 흐름과 문화를 상상만으로 써 내려가는 일이

어쩌면 신나는 일만이 아니고 어쩌면 재미로만 볼 수 없는

고대의 969 이야기 속에는, 유다서에 기록된 에녹의 예언으로부터

아담의 장례식과 에녹의 승천, 노아의 방주 이야기가 담겨 있지 않겠습
니까?

969 므두셀라의 삶의 결과는 태초에 인간을 창조하신 하나님의 영광과
이름이 무너지고 실패했다는 자존심을 다 내려놓으면서까지 하나님께서
는 이 세상을 홍수로 멸하셨습니다.

그의 이미지로 만든 가장 존귀하고 가장 지혜롭게 만든 사람에게서 더
이상 하나님과의 친밀한 교제를 기대하기 어렵고, 어쩌면 인간 스스로는
아무것도 할 수 없는 나약함을 아시고 우리를 거룩하게 하시기 위한 새로

운 계획과 계약을 생각하셨는지 모릅니다.

1,656년의 인간 역사가 노아 방주로 마무리되고

아브람이 태어날 때 노아는 892세였고, 노아가 죽을 때 아브람은 58세였으니

노아가 죽고 17년 지난 후에 하나님께서는 새로운 역사를 위하여 아브람을 부르셨습니다.

하나님의 그 역사 속에 오늘날 우리가 있고, 그의 역사를 이루시는 마지막 성령 시대에 있음이 또한 감사하고 놀라운 일입니다.

969 므두셀라를 붙들고 있다가 므두셀라를 비난하다가 답답해하다가

결국은 내 모습 나의 자화상 같은 모습에, 인내하시며 그의 모습으로 변화되길 신실한 사랑으로 기다리신 하나님을 보게 되었습니다.

노아 시대만큼이나 혼탁한 세상에서도 그를 의지하여 그가 주시는 힘과 능력으로 달려 나가시는 여러분은 12 진주 문 천국의 주인공들이시고 하나님 역사의 주연임을 의심치 않습니다.

오직 생명이신 예수 그리스도 안에서 그의 능력으로 사는 것만이 하나님의 영광을 위해 살 수 있고 그 은혜를 지속해서 입을 수 있음을 오늘도

고백합니다.

안식년이 될 수 있도록 말없이 기다리며 응원하는 높은 매너의 선교동역자님들과 언제나 내 일처럼 나서 주시는 구자옥 장로님께 깊이 감사드립니다.

어린이 전도가 전부이신 전국 CEF 가족들과 친구 신경호 장로님 가족또 아아모 식구들께 사랑을 전합니다. 식구는 식사를 같이하는 것임을 깨닫게 해 준 자녀들과 홀로 기도로 하나님과 동행하시는 시아버님과 살아갈수록 멋진 남편 강승천 선교사님께 사랑과 감사를 드리며, 아프리카 친구들과 동역자 선교사님들에게 사랑을 전합니다.

므두셀라 책을 통하여 한 명이라도 하나님을 만나고 가까워지기를 소원하며,
사랑하는 주님께 감사 영광 올립니다.

2025년 3월
안식년에 평택에서
김선옥

목 차

꿈인가, 계시인가?

'눈에 보이는 저것이 넘실대는 바다란 말인가,

출렁이는 물이란 말인가……'

사방 천지에 미친 듯이 물이 온통 넘치고 있었다.

'근데 꼴깍 꼴깍거리며 물속으로 빨려 들어가고 있는 것은 바로 사람들이 아닌가?

아니 저럴 수가?'

지구가 뭔가 잘못되어 고장 난 것이 틀림없다. 뭘 잘못 만져서 이런 현상이 일어나는 것이란 말인가…

땅의 깊은 샘이 터져 위로 치솟고, 하늘의 궁창이 그대로 비가 되어 쏟아져 내려, 지구를 둘렀던 물 테두리가 땅으로 내려앉아 물 하늘이 없어지고, 하염없는 시커먼 비구름에 도대체 그칠 기색이 전혀 없어 보이는 공포의 40일.

하늘의 창들이 다 열려서 주야장천 쏟아 내는 물에 어느 호흡이 버틸 수 있을까?

코로 기식하는 어느 동물이 어마어마한 물의 광란을 넘어서 일어날 수 있을까?

살려달라고 애원하는 사람들의 외침도 순간이었다. 물살에 버티지 못하고 묻히고, 아꼈던 진귀한 물건들이 쓰레기가 되어 사람들과 함께 자취를 감추어 버렸다.

천하의 이름 있는 높은 산이 물에 덮이고, 모든 것들이 물에 휩싸여 점점 자취를 감추고 남김없이 삼키고 또 삼켜지는 절망의 시간.

'지구의 운명이 다하는 순간인가…
이제 다시는 보고 싶지 않은 것일까?'
하늘도 땅도 그 자리를 지키기가 어려워 맥을 놓고 손을 놓았다.

이 엄청나고 두려운 물의 심판에 두려워서 차마 눈을 뜨고 볼 수가 없었다.
무엇이 이렇게 화가 나서 물로 다 엎어 버리는지…
무엇이 이리도 한탄이 되어 물을 다 긁어서 쏟아 풀어 버리는지…
땅에 거하는 모든 호흡하는 동식물들이 허우적거리며 코로 숨쉬기를 열망했지만, 땅과 사람 지은 것을 한탄하시고 지면에서 쓸어버리기로 작정하신 그 다짐 앞에는, 그 누구도 버틸 수가 없었다.

'그런데 저건 무엇인가?
큰 배가 아닌가?'
방주 하나가 산 중간 땅에서부터 유유히 큰 물살을 올라타고 흐르는 것이 아닌가…
'아니 제네 들은 우리 손자 가족들이네?…'

이상을 보는 것인가? 아직 태어나지도 않은 그들이 증손자와 현 손자들이라는 것이 읽혀 보였다.
부들부들 떨면서 방주에 탄 사람들을 하나, 둘… 여덟! 하고 세고 있는데 갑자기 깊이 울리는 무게 있는 목소리가 들렸다.

"에녹아~"

천지를 울릴 듯하면서도 따스한 목소리의 주인공은

천지를 지으신 하나님이셨다!

그대로 엎어져서 얼굴을 묻고서 떨리는 목소리로 겨우 대답만 했다.

"예… 하나님~"

"네가 무엇을 보았느냐?"

"하나님, 너무나 무서운 홍수에 이 세상 사람들이 다 죽는 것을 보았습니다. 하나님도 보셨지요? 왜 그렇게 못 본 척, 못 들은 척하십니까?"

"그래, 내가 더 이상 이들의 죄악을 참을 수가 없구나. 내가 이들을 지었다는 것이 한탄스럽고 후회가 된단다."

'아니 하나님께서 한탄스럽게 후회하신다고?'

하나님께서 후회까지 하신다니 더욱 놀라웠지만,

하나님의 슬픔 어린 목소리에 가슴이 후들후들하게 떨려서 숨이 막힐 지경이다.

"이제 너는 곧 아들을 낳게 될 것인데, 그 아들이 죽는 해에 이런 일이 일어날 것이다."

"예?"

"그 생명의 창이 땅에 닿으면 이런 심판이 내려질 것이므로, 아들의 이름을 〈므두셀라〉라 하라!"

에녹은 너무나 놀라서 화들짝 일어났다. 꿈이었다! 다행히 꿈이었다.

아니다, 꿈이 아니라 이상을 본 것이다.

지구가 멸망하는 너무나 놀랍고 엄청난 이상.

단지 꿈이었는데도 얼마나 놀라고 긴장했는지, 온몸이 흠뻑 젖어 있었다.

옷을 갈아입을 생각도 못 하고, '므두셀라! 므두셀라~'라는 이름을 되뇌며, 주섬주섬 옷을 걸치고 일어나서 문을 나섰다.

산고를 겪는 아내 레베카의 신음이 에녹의 발목을 잡는 듯 희미하게 들렸지만, 듣고 싶지 않은 듯, 안 듣고 싶은 듯, 대수롭지 않게 여기며 뒤도 안 돌아 보았다.

동이 트려면 아직도 멀었는데, 시간 감각도 찬 이슬이 내리는 날씨도 상관없이, 그냥 동산 위로 허겁지겁 기어가듯 올라갔다. 새벽이 오기를 재촉하는 새들의 울음도 아직 이른 시간에, 은은한 달빛에 비친 동산이 참 아름답다는 생각이 들어서 혼자서 중얼거렸다.

'저리도 고운 달빛을 주시고, 이리도 아름다운 세상을 쓸어버리신다고?……'

살려달라고 애원하던 사람들의 목소리가 여전히 귀에 쟁쟁 울리고, 꿈에서 아직 못 깨어난 듯, 허우적거리는 안타까움으로 간신히 기도처로 올라왔지만, 예전과는 다른 분위기로 느껴져서 손바닥으로 천천히 바위를 쓰다듬었다. 가끔 앉아서 기도하던 바위가 오늘따라 젖어 있었고 너무나 차갑게 느껴졌다.

'그 이름을 므두셀라라고 하라고요?'

"하나님…"

하나님의 이름이 새삼 다르게 무겁고 존재감 두려운 이름으로 다가왔다.

그래도 애원해 봐야 하는 절박감에 눌려 무조건 중얼거렸다.

"정말이십니까? 정말로 이 땅을 멸하려 하십니까?

제가 본 이상이 진짜로 맞습니까? 물로써 이 세계를 그렇게 무참히 쓸어버리려 하십니까?"

기도를 하는 건지, 따지는 건지 자신도 모르게 계속 반복하며 외치고 있었다.

천지를 지으신 하나님께서 그 지으신 것을 바라보시며, '보시기에 심히 좋았더라'라고 말씀하셨다고 아담에게서 종종 듣고선, 큰 감명을 받지 않았던가……?

'그런데, 그런데 하나님께서 만드신 세상을 없애신다고요?'

"정말이십니까?"

〈마음에 묵상하며 심령이 궁구하기를 주께서 영원히 버리실까, 다시는 은혜를 베풀지 아니하실까, 그 인자하심이 길이 다 하였는가, 그 허락을 영구히 폐하셨는가? 하나님이 은혜 베푸심을 잊으셨는가, 노하심으로 그 긍휼을 막으셨는가〉

그의 심령에서 흘러나오는 끝없는 그 기도는, 사람을 향한 안타까운 마음의 사랑이었다. 하나님의 말씀이 온통 그를 휘감아 기도하고 있었지만, 어쩌면 하나님의 마음을 조금이라도 돌이켜보려고 애쓰고, 간청하는 시간이었다. 그 부르짖는 시간이 얼마나 흘렀을까…

"마스터~
에녹 마스터~"
익숙한 목소리인데도 떨구어진 고개가 올라가질 않았다.
'레베카가 보낸 하인 나핫이 헐떡거리며 나를 찾는 것을 보니 분명 출산의 소식일 텐데……'
'가끔 동산에 오르긴 했었지만, 어떻게 알고 찾아 올라왔을까……' 급한 소식을 들고 온 나핫의 숨이 막 넘어간다.
"아들이에요, 아들! 빨리 가 보셔요~"
아들을 낳았다는 소식에 또 한 번 털썩 가슴이 내려앉는 에녹.
득남의 소식이 기쁜 소식인가, 지구를 멸할 나쁜 소식인가?
출산의 소식이 기도를 멈추게 하기는커녕, 더 매달리게 하였다.
"하나님… 정말로 이 아기가 죽으면 그 재앙이 시작되는 것입니까? 정말로 그리하시겠습니까? 이 땅의 모든 호흡 있는 자들을 그리도 무참히 물에다 빠뜨리시렵니까?"

'그럼 도대체 이 아들의 년 수는 얼마란 말입니까?…'
갑자기 또 그것이 궁금해졌다. 얼마나 살 수 있을 것인지, 몇 년이 지나야 하나님의 심판이 내려질 것인지, 아들의 명수가 궁금해졌다. 므두셀라의 생명 명수에 하나님의 우리를 향하신 인내가 걸려 있고, 우리를 얼마나 아끼시고 사랑하시는지 사랑의 척도를 잴 수 있는 시간이라도 된단 말인가? 인간의 오만한 죄악에 얼마나 더 오래 참으실 수 있으신지, 사람을 향한 하나님의 인내와 사랑 척도가 므두셀라의 명수에 달릴 수도 있다는 계산을 하면서, '그럼 언제쯤 일어날 일이란 말인가?'

생각하며 금방이라도 종말이 올 듯, 혼자서 흥분하고 있었다.

울부짖는 자문자답과 질문의 기도가 반복되고 반복되어, 하염없이 시간을 보내고 있었다.

득남의 소식에도 아무런 기별이 없어서 기다리다 지친 또 다른 가족들이, 동산을 올라와서는 일어나기를 독촉했으나 에녹은 요지부동이었다.

사람들은 점차 에녹을 다르게 느끼기 시작했다. 득남의 기쁜 소식에 저리도 긴 시간으로 기도하고, 전에 보다 울부짖고 애원하는 간절함이 길어서 의아하게 고개를 갸우뚱거렸다.

무슨 일이 있길래 하나님과 대화를 저리도 오래 할 수 있단 말인가… 가족들도 알고 이웃들도 다 알게 되었다.

얼마나 지났을까…

기다리다 지친 가족들이 하나, 둘 동산을 내려가고, 햇볕이 따갑게 내리쬐는 한나절이 되자, 갑자기 에녹이 벌떡 일어났다.

무슨 생각을 한 것일까? 급한 마음으로 허겁지겁 미끄러지듯 동산을 내려와서는, 멀리 갈 채비를 주섬주섬 챙기는 것이었다.

"아니… 왜 그래요 여보? 무슨 일이에요? 식사도 안 하시고?"

일부러 아들 보기를 외면하는 듯한 행동에 레베카가 불안에 잠겼지만, 처음 보는 에녹의 넋 나간 황당한 표정에 말릴 수가 없다는 것을 알았다.

먹는 것은 고사하고 태어난 아들 얼굴을 한번 볼 생각도 안 하다니……

'태어난 아들이 품을 수 없는 고슴도치란 말인가…'

얼음이란 말인가.

낙타에 올라타 고삐를 당기는 에녹의 뒷모습에, 모두 기가 찬 마음으로 물끄러미 쳐다보고만 있었지, 아무도 붙잡고 말리는 사람이 없었다.

므두셀라가 태어난 날, 아버지 에녹은 넋을 잃은 사람처럼 가족들에게 등을 보이며, 낙타를 타고 어디론가 사라졌다.

2

작명소, 아담의 집

낮은 산허리를 돌고 돌아 계곡물이 쉴 새 없이 내려오는 산기슭에, 큰 농장을 일구고 많은 가축을 키우며 사는 아담과 그 일가 가족들. 여기저기 무화과나무에 열매가 보기 좋게 달려 있고, 팜 나무에도 팜이 빨갛게 달린 보기 좋은 팜 정원을 지나, 역사를 자랑하는 통나무 기둥의 회당이 보이면 아담의 집은 멀지 않은 것이다.

언덕 위에는 제사 지내는 큰 돌이 우뚝 높이 자리 잡아, 멀리서도 그의 경배심을 읽을 수 있었다. 그가 정복한 땅의 경계선은 보이지 않았지만, 아담을 중심으로 십자 모양으로 동서남북 촌락을 이루어 살며, 매월 보름달이 오르면 예배를 드리고, 일 년에 한 차례 모두 모여 성회를 여는 특별한 하나님의 사람들.

세간에는 이들이 '예배하는 자들'로 불리고 있었다.

여자의 후손을 주시겠다는 약속을 기다리는 믿음을 자랑하는 대가의 집이 보이는 오솔길로 들어섰다.

하나님께서 직접 만들어 주셨던 최초의 옷은, 헤어지고 거북이 등처럼 까칠한데도 해마다 약품으로 손질하는 귀하고 귀한 골동품으로, 보물처럼 모시고 있는 것을 모르는 사람은 없었다.

쉴 새 없이 내려오는 계곡물의 길이만큼 아담의 연륜은 얼굴에 싸여, 그 지혜와 역사를 배우고자 사람들은 종종 그를 대면함을 자랑으로 알고 찾고 있었다.

큰 여물통은 정갈한 아담의 솜씨를 한눈에 읽을 수 있었고, 마당엔 공룡의 뼈와 멧돼지 발톱이 통나무와 잘 어우러져 박물관 분위기를 그려냈다. 곳곳에 그의 지혜와 성실함이 묻어 있어, 이곳을 방문할 때마다 정감 있게 감상했지만, 에녹은 오늘 그 무엇도 눈에 들어오질 않았다.

누가 벌써 가서 에녹이 온다는 기별을 넣었는지, 그의 사람이 나와서 공손히 고개를 숙이며 안내하여, 아담이 있는 천막으로 바로 들어섰다.

아담은 사자 가죽이 깔린 의자 위에 앉아 그를 맞을 준비를 하고 있었다. 그의 곁엔 언제나 족장들이 서 있었는데, 역시나 몇몇 족장들이 함께하고 있었다.

한눈에 보아도 깊은 세월의 연륜이 빛나 보이는 대부 아담.

"살 롬!"

존경의 마음을 담아 그 앞에 엎드렸다. 그리곤 족장들과 얼굴을 맞대고 입맞춤하고 아담과도 입맞춤하는데, 거침없이 나오는 눈물을 애써 참고 삼켰다.

옆에서 다른 족장들이 호탕하게 웃으며 찾아온 목적을 아는 듯이 한마디씩 거들고 있었다.

"첫아들을 낳아서 왔구먼~"

"네…" 에녹은 고개를 숙이며 대답하였다.

"득남했구먼… 하하하."

족장들이 모두 환한 얼굴로 축하를 건넸다.

"득남을 축하하네……"

하나님과 직접 대화한 사람인 아담의 축하는, 목소리와 눈가에 성스러움의 깊이가 충만케 느껴졌다. 흰머리와 흰 수염이지만 젊고 멋있는 아담의 쾌적한 웃음에, 에녹은 멋쩍은 표정을 보이며 고개를 더 숙여 조용하게 심각한 어조로 말을 했다.

"예… 사실 그것 땜에 왔습니다."

아들 이름을 지으러 온 줄로 알고 있었는데, 의아한 표정을 짓는 에녹을 바라보는 아담에게 귓가에 대고 나지막이 말했다.

"괜찮으시다면 조용히 둘이서만 의논하고 싶습니다."

"그래?"

다소 놀라는 아담은 궁금하면서도, 살짝 생각에 잠긴 듯 눈을 가늘게 내리며, 얼굴은 안 돌리고 손짓으로만 모두를 나가도록 족장들을 물렸다.

그러고는 살짝 다가가며 이맛살에 힘을 주며 물었다.

"아니, 무슨 일인데 그러는가?"

반짝이는 눈에, 생기 넘치는 687세 된 백발의 대부 아담과, 아담의 7대손, 65세 에녹과의 대화엔 신뢰로 다져진 신성한 시간대가 흐르고 있었다.

에녹은 지난밤 엄청난 하나님의 계획을 꿈으로 본 것에 대해, 아담에게 자초지종 밝히 말했다.

아담이 화들짝 놀라 소리쳤다.

"뭐라고? 물로 세상을 심판하신다고?"

심판에 대한 대부의 놀라움과 동시에, 에녹이 가졌던 같은 질문을 아담에게서도 듣는다.

"아니 언제 그런 일이 일어난단 말인가?"

에녹이 심각하게 고개를 앞뒤로 살짝 기울이다가 반짝이는 눈으로 나지막하면서도 야무지게 대답했다.

"예… 바로 아들입니다."

"아들이라니?……"

말도 안 되는 대답에 아담은 황당해했다.

아들 생명의 끈이 다할 때 그 재앙을 불러오리라는 것도 말했다.

아담의 눈이 둥그레지면서 놀라움을 감추지 못하며 에녹의 두 손을 꼭 잡으며 다시 물었다.

"그게 정말인가? 자네가 본 이상이 틀림이 없겠지?"

"하나님께서 이미 그 아들의 이름을 주셨습니다."

아담이 긴 한숨을 쉬면서 뭔가 포기한 듯 고개를 끄덕였다.

"진짜구먼. 기어코 올 것이 오겠구먼…… 그러면 그 아이의 이름은?…"

"므두셀라입니다."

"창 던지는 자라? 그럼 므두셀라의 생과 이 세상 종말의 끈이 같이 묶였단 말이지…"

시한폭탄을 달고 태어난 아기지만, 그 시간이 얼마나 남았는지 누가 알 수 있을까.

과거를 나누는 일도 신기하지만 생전 처음으로 미래를 여는 눈을 떠서 예기치 못한 심각한 고민에 빠져보는 건, 아담도 처음 겪는 일이었다.

이름을 지어주는 특별한 지혜와 총기를 타고 난 아담. 부여받은 사명감에 불타 늘 충실하게 일했는데, 에녹의 방문으로 사람의 이름 또한 하나님께서 정하신다는 것을 처음 깨달았다. 아담의 지혜와 총기가 이름을 결정하는 것이 아니라, 우리 한 사람 한 사람을 위한 하나님의 특별한 뜻이 있다는 것을, 끄덕이는 고개와 꽉 힘을 준 입술이 인정하고 있었다.

아담은 아담대로 깨닫는 바가 있어서 고개를 끄덕이고, 에녹은 에녹대로 흥분을 가라앉히지 못하고 속내를 신음으로 토하고 있었다.

　한참 동안 두 사람의 대화가 진행되는 동안, 맛있는 음식들을 준비하는 손이 바빠졌는데도, 정중하게 모든 것을 사양하고, 집으로 돌아가기에는 늦은 시간인데도 에녹은 낙타에 먼저 올랐다.

　"아니, 아들 이름을 지으러 온 거 아니었어?"

　축배를 들고 이름을 짓고, 웃음으로 밤을 새울 것을 기대했는데, 그런 전통을 조용히 접어두고 그냥 발길을 돌리는 에녹을 보며 모두 의아해했다. 아담이 먼저 묵직한 목소리로 잘 가라는 인사를 건넸다.

　"잘 가게…… 우리 7일 후에 봄 세."

3

'므두셀라'의 뜻은 무엇인가?

아담과 헤어진 지 어느덧 7일이 흐른 2월의 정오.

하늘을 향한 끝도 없이 펼쳐진 푸른 나무의 행렬 아래, 작은 바람에 나부끼는 대부 아담과 그 족장들의 차림새가 예사롭지 않았다. 금방이라도 학이 되어 나무 위로 올라갈 것 같은, 긴 자락의 눈부신 예식 복. 거기에 햇살은 눈에 부시면서도 따뜻하여 축제의 날로 딱 맞았다.

생후 8일째가 되면 이름을 부여하는 명명식을 진행했지만, 므두셀라는 하나님께서 이미 이름을 주셨으므로 명명식이 형식일 수도 있으나, 이름 짓는 일은 이들에게 큰 의미를 부여하는 의식이므로, 문가의 친척들이 멀리서도 다 오신 것이었다.

축하하기 위하여서 모인 이웃들과 친척들의 발걸음이 신이 났고, 모두 얼굴에 웃음이 만연하였다.

메추리를 나뭇가지에 꼼꼼하게 꿰어 선물로 가져온 이웃들도 있고, 양 새끼를 끌고 온 227세 된 야렛 할아버지도 있고, 포근하게 보이는 가죽 뭉치를 들고 온 292세 된 마할랄렐 증조할아버지도 자리를 함께했다.

삼일 길이 걸려야 올 수 있는 4대 에노스 할아버지와 5대 게난 할아버지는 일 년에 한 번 큰 성회 때만 참석하는데, 웬일인지 아담의 급한 연락을 받고서 본인들의 자리를 지키고 있었다.

"아니, 큰 성회도 아닌데 에노스 대부님과 게난 대부님께서 어쩐 일이야?"

"그러게? 오늘은 그냥 명명식 아녀?"

동네 사람들과 문가의 사람들의 의아한 목소리와 반가운 인사가 여기저기서 들렸다.

행사 때마다 서열대로 앉는 풍습은 여전하여, 아담이 맨 앞자리에 앉고, 그 사람 다음은 아담 2대손, 아담 3대손, 4대, 5대… 이렇게 차례로 앉아서 품위와 격식이 있는 예배로 자리를 굳힌 지 오래되었는데, 오늘은 아담의 8대손까지 자리를 함께한 셈이니, 세월의 흐름에도 믿음의 문가는 든든해 보였다.

그런데, 손님들을 맞는 에녹의 얼굴에 왠지 그늘이 깔렸고, 눈까지 퉁퉁 부어 있었다. 금방이라도 울 것 같은 검은 구름 낀 얼굴이었지만, 이런 기쁜 날에 무슨 일이 있을까 싶어 모두 의아해했지만, 질문을 삼켰다.

며칠 전, 아담을 만나고 돌아가는 길에도 얼마나 울부짖었던가… 기도처에 올라가 얼마나 많은 눈물로 회개했던가…

〈하나님이여 물들이 주를 보았나이다
물들이 주를 보고 두려워하며 깊음도 진동하였고
구름이 물을 쏟고 궁창이 소리를 발하며 주의 살도 날아 나갔나이다
회리 바람 중에 주의 우뢰 소리가 있으며 번개가 세계를 비춰며 땅이 흔들리고 움직였나이다
주의 길이 바다에 있었고
주의 첩경이 큰물에 있었으나 주의 종적을 알 수 없었나이다〉

너무나 큰 비밀을 안고 있기엔 벅찬 가슴을 어쩔 수 없어 눈물로 쓸고 있는데, 가족들의 걱정과 의구심에 눈치를 못 이겨, 기어이 가족들을 모으고 입을 열었다.

"아주 중대한 발표를 할 테니 모두 듣기만 하고 다른 사람들한테는 말하지 말기를 바라네…"

목소리가 떨리고 있었다.

모두 어리둥절한 표정으로 서로를 쳐다보며 말했다.

"비밀로 하라고?"

태몽 이야기였다. 태몽!

이상 중에 하나님의 인류에 대해 안타까움을 말하는데, 갑자기 또 울음이 터졌다.

"홍수라니?"

"이 아기가 죽으면 대재앙이라니?"

생전 처음 듣는 단어들이었다. 인간 역사에 그런 단어들이 있었던가?

그렇게 놀랄만한 대참사가 있었던가?

하나님께서 그러실 리가 있을까 싶어서 모두 서로 쳐다보며 갸우뚱했으나

누구보다 아내 리베카가 가장 슬픔에 잠긴 건 사실이었다. 아무리 아기를 쳐다보아도 그렇게 사랑스럽고 예쁠 수가 없었다.

"설마……"

명명식을 기다리는 가족들 또한 시간의 흐름이 처음으로 갑자기 무섭게 느껴지기 시작했다.

째각 째각.……

에녹의 얼굴에 나타난 불안으로 눈치를 챘는지, 드디어 사람들이 수군

거리기 시작했다.

"그럼 그 소문이 사실인 거야?"

비밀히 부치기로 한 심판 이야기는 이미 동네를 몇 바퀴 돌고 있었다.

"근데 아기 태몽이 홍수였대!"

"뭐, 홍수?"

"홍수?"

사람들의 놀라는 눈과 울렁거림이 시작되자, 아담은 지극한 눈을 반쯤 내리며 야무진 입술이지만 수심 깊은 얼굴을 감추지 못하고 앞으로 나아 갔다.

"쉬! 대부 아담이야."

긴 날개가 달린 소매 팔을 높이 올리자, 모든 사람이 조용하게 아담의 인도를 기다렸다.

레베카가 예쁜 포대로 둘러싸인 아기를 안고 있다가, 남편 에녹에게 건 네주고, 에녹이 받아서 아담에게로 아기를 넘겼다.

모두가 엄숙한 시간에 드디어 아담이 아기를 높이 들고서 입을 열었다.

"야훼시여… 천지를 지으신 만유의 주 하나님!

하나님께서 주신 어린 생명이 여기 있습니다.

이 어린 아기의 삶을 미리 계획하셔서 그 이름을 또 미리 주셨음을 감사 드립니다."

"하나님께서 이름을 미리 주셨다고?"

"그렇대! 희한하지?… 이름을 미리 받고서 태어났대."

"그러네… 참 희한하네…"

나지막한 소리로 나누었지만, 모든 회중이 궁금해하고 야릇한 바람이 심령 깊숙이 휘몰아 도는 시간이었다.

"주께서 이 아기를 권고하사 숨을 쉬는 우리에게 미리 경고하시고,

거룩한 삶으로 여호와 하나님을 섬기라고 하신 말씀임을 믿습니다.

온 세상에 죄악이 관영 하여 믿음을 지키며 사는 게 쉽지 않은 오늘날에, 이 아기를 통해서 거룩하고 의로운 세대로 설 수 있도록 축복해 주시고 영광을 받으시옵소서."

아담이 다섯 손가락에 기름을 찍어서 아기의 이마에 도장을 찍듯 인치고, 축복하는 시간으로 이어졌다.

"나 아담은, 이 므두셀라를 야훼 하나님의 이름으로 축복하노라 아멘!"

회중의 답례 목소리는 높이 한 옥타브 더 올라간 합창이었다.

"아멘~"

므두셀라, 창 던지는 자!!

모두 명명한 이름에 놀라움을 감추지 못하고 서로 묻고 묻는 시간에, 아담은 긴 수염을 맥없이 쓰다듬으며 조용히 자리로 돌아왔다.

축복받아야 할 아가가 믿음의 사람들에겐 심각한 경고의 나팔로 가슴을 뚫었지만, 과연 다른 민중들에겐 어떻게 다가갔을까?

한번 지나가는 바람으로 그냥 놀라고 말았을 뿐인가?

여인들의 노래가 시작되었다.

젊은 여성들의 신명 나는 몸놀림이 축제의 날임을 상기시켰고, 샬롯 할머니의 〈아기 목욕 기도문〉이 낭송되자 모두에게 웃음과 아멘의 화답이 되었다.

축제의 시간이 흘러 막바지에 다다르자, 얼굴에 미소를 담은 아담이 손가락 네 개 사인으로 에녹을 불렀다.

축 늘어진 에녹의 어깨에 손을 가볍게 토닥거리면서 말했다.

"너무 그렇게 비관하지 말고 므두셀라를 잘 키우게나…"

"우리의 운명이 이 아기에게 달렸는데 어찌 조심스럽게 잘 키우지 않을 수가 있겠습니까?"

에녹은 고개를 떨군 채 각오를 내보였다.

"가서 가족 대표로 인사를 하고 마무리를 잘하게."

에녹은 무거운 발걸음을 내딛더니, 돌아서서 아담을 향하여 허리를 깊이 숙여 인사를 하고, 문중의 백발 어른들께도 허리를 한번 숙여서 존경의 마음을 표하곤 아담이 섰던 돌 위에 천천히 올라섰다.

에녹이 고개를 들어 보니 하늘은 눈부시게 파랗고 나무들도 빛나는 은빛과 초록의 나부낌으로 참 보기가 좋다고 생각했다.

"명명식에 참석하기 위해 멀리서도 오신 존경하는 모든 문가의 어르신들~~"

눈물이 글썽거려 햇볕에 반사되어 반짝일 때, 사람들은 놀라서 얼굴을 서로 쳐다보며 웅성거렸다. 므두셀라 엄마 리베카도 고개를 떨구고 손으로 입을 가렸다.

명명식이 뭔가 심상찮은 분위기인 것은 눈치를 챘지만, 예전과는 뭔가

가 달리 느껴지는 에녹의 분위기에, 사람들은 서로 조용히 하라며 입을 모으고 귀를 기울여 들었다. 에녹은 눈물을 훔치면서 야무진 경고를 던졌다.

"여러분, 이 아기 이름을 므두셀라라고 하나님께서 직접 지어 주셨습니다. '창 던지는 자'라는 것을 여러분이 잘 알듯이, 바로 이 아기의 죽음이 인류의 종말을 의미합니다."

"인류의 종말?"

대중들이 에녹의 말을 반복하며 놀라는 눈을 크게 떴다. 에녹은 저들의 놀라움보다는 경고를 더욱 힘 있게 외쳤다.

"우리 모두 하나님께 진실한 회개를 해야 합니다. 이 죄악이 관영한 세상에서 우리 족속만이라도 의로운 대열에 서서 하나님을 높여야 합니다. 하나님께선 여러분들이 하나님같이 흠이 없고 거룩하시길 원합니다. 우리에게 므두셀라로 통하여 마지막 경고를 하십니다. 하나님께서 찾으시는 의인이 되십시다!!"

모두가 심각한 얼굴로 고개를 끄덕이는 가운데, 곱지 않은 시선으로 듣는 무리가 있었으니, 곧 이방 여인을 아내로 며느리로 맞아들인 사람들이었다. 하지만 하나님의 신이 충만히 내린 듯한 에녹의 설교에, 사람들은 놀라운 감동과 뜨거운 가슴을 느끼며, 입을 모았다.

"꼭 하나님께서 말씀하시는 것 같구먼…"

"그렇지…? 하나님과 동행하는 사람 같아…"

"그래, 에녹은 하나님과 동행하는 사람이야…"

하나님과 동행하는 자! 그의 대명사로 모두에게 불리기 시작했으나, 에녹을 따라 하나님과 동행하기를 원하는 자는 없었다. 그는 어쩌면 이 세상 아무것도 보이지 않는 눈이 먼 자처럼, 보이지 않는 세계에 속한 자처럼, 향락도 먹는 즐거움도, 이웃과의 시간도 세상의 유행에도 아무런 관심을 보이지 않는 사람처럼 행동했다.

그저 인간의 죄로 인해 죽음을 향해 달려가는 것이 그리도 안타까운지, 애틋한 마음으로 하나님을 찾고 묻고, 그와 하나님의 세계로 들어간 사람.

그의 내면은 죽어가는 인간들을 향한 안타까운 중보로 시간을 보냈는데, 그것은 바로 사람을 향한 사랑이었다.

그 사랑이 하나님과 코드가 맞았고, 동행하게 되었다. 에녹이 하나님과 동행하는 자로 불리는 것에 그 누구도 부인하지 않았다.

이웃들의 웅성거림과 에녹의 애타는 심정, 염려 가득한 아담의 깊은 눈에도 아랑곳없이, 므두셀라는 아주 건강한 아이로 그 눈이 반짝거려 보였다.

성인식에 참석한 어른들

"셀라야, 목욕했니?"

"옷은 챙겼고?"

오늘따라 리베카는 바빠서 부엌에서 꼼짝도 못 하면서도, 목소리만으로 므두셀라를 들들 볶고 계셨다.

아버지 에녹이 입혀 주는 특별한 예복. 잔치의 주인공을 느끼게 해주는 옷만 입어도 마음은 이미 절로 경건해졌다.

다칠세라 넘어질세라, 챙기고 보듬으며 13년을 사랑해 준 부모님의 마음이, 어린 나이에도 너무나 감사하면서도, 본인이 짊어진 무거운 운명을 모른 척 행동하기가 자유롭지는 않았다.

영혼 깊숙이 흐르는 깊은 영감의 노래를 온몸 가득 물결 춤으로 뿜어내는 아담.

바람에 날리는 아담의 넓은 후드가 영혼의 울림에 맞추어 기쁨을 뿜어낼 때, 사람들은 700년의 세월을 주름잡는 잔치에 몰입되었다.

므두셀라가 어릴 때만 해도 세상이 곧 망한다는 소문이 꼬리에 꼬리를 물고 지구를 돌고 돌았으나, 어느덧 종말의 공포는 희미하게 잊혀지고, 그의 존재조차 까맣게 잊어버린 사람들이 대부분이었다.

예전에나 지금이나 별달라질 바가 없이, 여전히 사람들은 사고팔고, 결혼하고, 바쁜 세상살이로 남의 인생까지 관여할 여유가 없었다.

고목 가지에 걸려 바람에 춤을 추는 형형색색 천들이 파란 하늘을 깔고 있어서 더 아름답게 보였다. 바람에 펄럭이는 색색 천들이 온몸으로 심판 재촉의 손을 흔드는 것처럼 보이는 것은 오직 에녹뿐이던가.

생기 넘치는 사람들의 들뜬 분위기와 멀리 쩽쩽한 북소리가 먼 산까지 갔다가 다시 울림으로 축제의 마당을 차지하고 있었다.

대 족장 후계자들만 걸치는 후드를 걸친 사람들이 줄을 지어 앉았고, 펄럭이는 깃발을 든 족속마다 무리하여 앉아서, 그 후손들임을 나타내는 숫자가 장난이 아니었다.

아무런 징조가 보이지 않는 가운데, 13년 동안 므두셀라가 무고하게 잘 버텨 주어 고맙게 생각되는 따뜻한 봄날의 광경이었다.

"저것 좀 보게나. 마치 큰 학이 날개를 펴고 날아가는 것 같구먼그려…"

"가족들이 오랜 시간 걸쳐서 특별한 옷을 만들었다는구먼…"

"모자와 소매 끝에다 뭘 달았을까?"

"척 보면 모르는가? 소매는 하얀 새 깃털이고 모자는 양털로 만들었지…"

"그렇구먼, 긴 하얀 머릿결과 잘 어울려 하늘로 올라갈 것 같은데… 하하!"

"햐~~ 눈이 부시도록 아름다운 연무 아닌가…"

700년의 세월을 닮은 나무만큼이나, 아담의 지혜가 꽉 찬 연무를 지켜보는 사람들의 감탄사가 쭉 늘어나는 축제의 시간. 나무 그늘에서 나지막이 나누는 대화가 참 포근하게 들렸다.

"어찌 700년을 셀 수 있었을까?"

"예끼, 이 사람아… 아담의 지혜가 어디 보통인감?"

"하하 맞지, 맞아."

"그거 왜 저 바위 하나가 100년이라잖아! 고목에다 해마다 줄을 그어서 표 했잖아."

"그렇지, 그렇지 하하!"

"그럼 그럼… 믿음의 대들보로 모든 사람의 대부 제사장 아닌가?"

〈작명소〉라는 간판은 안 달았지만 모든 이들의 이름을 지어주고, 그 이름의 의미와 주신 사명까지 기도로 밝혀 주는 영적인 아버지!!

대부 아담을 향한 사람들의 믿음직스러운 덕담 듣는 것이, 므두셀라는 어린 나이에도 너무나 기쁘고 자랑스러웠다.

티 없는 하늘과 언덕 아래로 태고의 푸르름이 쫙 깔려 있어, 얼마나 시원하고 아름다운지 예배를 드리기만 하면 그대로 응답할 것 같은 아름다운 풍경이었다.

드디어 큰 바위 위에 올려진 피 뿌린 어린양의 희생. 그 양 위로 타오르는 연기가 올라가며 냄새가 바람을 타고 모두의 코를 찌를 때, 사람들은 납작 엎드려 하나님의 응답을 감사드렸다.

아담가의 모든 아름다운 날의 중심엔 언제나 예배가 있었다. 하나님을 모르는 자들도 일부는 같이 엎드려 예배에 참여했고, 예배가 끝날 때까지 기다리는 사람들은 왁자지껄 시장의 분위기로, 나름대로 삶에 즐거움을 찾고 있었다.

화덕에다 반죽을 발라서 구운 빵이 너무나 인기가 있었는데, 빵 전문가 게벨이 한참 요리 설명에 바빠서 열변을 토할 때, 드디어 아담의 일행이 일어났다.

"아이고 이제 끝난 거벼… 오늘 같은 날은 뭐 하러 예배를 드링당가?"

"그러제… 이 사람들은 예배가 곧 삶이지…!"

"하나님과 직접 말하고 그랬다지 아마?…"

하나님과의 대화가 전설이 되어 그들에게 전해지는 시점에도, 아담의 문가는 예배를 목숨처럼 지키고 있었다. 그 예배 중심에 므두셀라의 생명을 감사하고 경각심을 일으키는 각오를, 이들은 눈먼 자처럼 보지 못하는 게 안타까울 뿐이었다.

에녹도 흐뭇한 얼굴로 므두셀라와 아담을 번갈아 보며, 말없이 고개를 끄떡이며 아담의 이름다운 삶을 재평가해 보았다.

이름을 짓는다는 것은 어쩌면 재창조의 일인지도 모른다. 숨겨진 재능과 맡겨진 달란트와 사명을 건네주고, 때로는 침묵하는 자들을 깨우고, 묻힌 은사들을 일으키는 능력이 담겨 있고, 창조주의 지혜를 읽어 내는 비상한 재주인 것이다.

므두셀라는 특별한 옷을 입고 앉아 있었다. 아버지 에녹이 입가에 큰 미소를 보이며 므두셀라를 불러서 앞에다 세웠다. 므두셀라가 아버지 에녹이 만들어 주신 옷을 살며시 매만지다가, 천천히 땅에 닿을 듯한 인사를 어른들께 올렸다.

"므두셀라가 건강하게 잘 자랐네."

"그러게 아주 야무지게 잘 자랐구먼."

"근데 오늘의 주인공이… 므두셀라야?"

말없이 옆에 서 계셔서 웃고 계신 중조할아버지의 미소가 사람들의 궁금증을 더했다.

"에… 오늘은… 대부 아담의 700회갑을 축하하기 위하여 보인 자리이지만, 또 므두셀라가 13년을 건강하게 잘 지내 온 것에 대한 특별한 감사를 담아서 성인식을 겸하여 행하기로 했습니다!"

백발의 노장들이 무수히 자리한 곳에서, 작고 작은 아이의 성인식에 모두의 관심이 쏠리는 것은, 그만큼 므두셀라의 삶에 모두의 삶이 엮여 있고, 특별하게 집중할 수밖에 없기에 오늘은 마음 놓고 큰 박수와 웃음으로 자리한 것이다.

"경사네 경사야!"

대부 아담이 2대 셋 족장, 3대, 4대, 5대, 6대, 7대 모두 한 사람씩 불러서 세웠다.

무거운 발걸음으로 나선 족장들의 모습은, 몇백 년의 세월을 입고 서 있는 고목 같았다.

죽음을 선고받은 인간들 같지 않고 어쩌면 영원히 살 것만 같은 긴 숫자의 세월을 달고 있었다.

아담이 보물이 담긴 상자를 열 듯이, 무엇인가 꺼내어 펼쳐 보였는데, 약간 너덜거렸지만 에덴동산에서 입었던 〈옷〉이었다.

차곡차곡 접더니 셋에게 조심히 건네더니 하늘을 바라보며 '여호와~' 소리쳤다.

셋도 정중하게 받아들고 약간 높이 쳐들더니 '여호와~' 소리쳤다. 그렇게 7대손 에녹에게까지 건네고 이제… 므두셀라에게 건네는 시간에, 바르르 떨리는 손과 목소리로 아버지를 따라 부르는데, 신비한 무게감이 므두셀라의 가슴과 손에 안겨졌다.

옷에 무슨 비밀이라도 담겨 있는 듯이, 하나님께로 받은 아담의 그 가죽옷에 관한 관심과 사랑은 언제나 특별했다.

아담의 수치를 가려준 그 옷은, 바로 누군가의 목숨을 대신하여 얻어 낸 가죽이었기 때문이다. 어린양의 죽음엔 언제 오실지 모르지만, 여자의 후손으로 메시아가 올 것임을 단단히 믿고 있었기 때문이었다.

첫 아담에게 서부터 건너온 옷이, 므두셀라에게까지 건네지자, 힘 좋은 아저씨 엘르가 므두셀라를 덥석 등에 둘러업었다. 므두셀라를 업고 돌기 시작하자, 여기저기서 환호 소리가 터졌다.

"므두셀라! 므두셀라!"

"므두셀라~!"

아담은 흐뭇한 표정으로 고개를 끄떡이더니, 나뭇잎 향기가 가득한 잔을 높이 들고 '여호와~' 또 소리치고… 므두셀라에게 직접 건네주었다.

여호와!! 라는 절대 신의 이름을 아담의 목소리로 듣고 그 손으로 잔을 받아들자, 므두셀라는 온몸에 전율을 느끼며 마치 구름 위에 둥실 떠 있는 감격이 몰려왔다.

생명을 주신 분. 우리의 생명을 갖고 계신 분. 또한… 므두셀라의 연명의 자를 재고 계신 분. 므두셀라는 여호와의 이름이 너무나 다정하게 들렸다.

이제 평생 그 존엄한 이름을 부르며 살아야 하고, 그 존귀한 이름 앞에 살아야 하고 그 말씀을 자기의 생명 속에 이룰 것이라는 책임감마저 느꼈다.

이제 겨우 13살인 므두셀라가, 선조들의 사랑과 관심을 한 몸에 받으며 이제 어른이 된 것이었다.

5

뱀 잡기 대회

처음 아담과 하와가 걸쳤던 잎사귀로 만든 옷을 걸치고 꽃으로 머리를 장식한 족속과 예배 때마다 논란이 되어 온 이방인의 딸들과 결혼한 후손들도 가죽으로 만든 용사들의 옷으로 무게 있게 축하의 자리를 메웠다. 한 귀퉁이에 차지한 돌판 위에 고기 익는 냄새가 바람에 의해 모두의 코를 자극하기 시작하자, 그제야 허기를 따라 냄새를 따라 사람들이 둘러서서 배를 쓰다듬었다.

"와우~ 냄새 한번 기가 막히네."

"진짜 맛있겠다."

나뭇잎으로 엮은 천막 밑에서, 특별한 음식들이 펼쳐지기 시작했다.

멧돼지 구이부터, 따끈따끈한 빵, 고소한 치즈, 포도주까지 정말 풍성했다.

700년의 지혜와 요리 방법이 그대로 쌓여서 내려온 특이한 기술로 숙성해 온 맛에 감탄하고 있었다.

"역시 이 맛이야, 하하!"

일 년의 노고와 정성이 밥상 위 나무 그릇에 담길 때, 이 사람들의 사는 지혜를 먹을 수 있었다.

음식으로 문화와 역사를 알 수 있다고 했던가. 말린 과일, 우유, 치즈, 빵 만드는 방법까지 사람들은 먹으면서도 또 먹는 화제로 풍성하게 주고받았다.

특별한 날을 위해 준비한 각종 음식이 베풀어지는 잔치의 시간에 나뭇잎으로 만든 컵에서 숲의 향이 두루 퍼졌다.

"뿡~~"

소뿔로 길게 내는 소리는 진귀한 물건들이 공개되는 시간임을 알리는 것이었다. 빠질 수 없는 구경거리에 사람들이 몰렸고, 축하하기 위하여 들고 온 선물들도 나열되어, 와자지껄 시장 분위기를 방불케 했다.

생전 처음 보는 이름 모를 약초와 동물도 있었고, 농사는 지었지만 이름 모르는 과일을 들고 와서는 아담에게 그 이름을 붙여 주길 기다리고 있었다.

"어머 너무 예쁘다."

"정말."

햇빛에 반사되어 눈으로 쳐다보기가 힘든 작은 돌멩이들은 여자들에게 제일 인기가 많았다.

"어, 그건 또 뭐예요?"

"이건 타조알입니다. 그거 라멕이 타고 왔잖아요."

"타조~~ 아!"

타조알, 향수 잎, 신비한 빛이 나는 돌멩이, 신발, 세마포, 금, 상아, 가죽 등…

선물 구경과 이름 알아가는 재미는 여인들에게 달콤한 수다거리로 시간 가는 줄 모르지만, 남자들을 위한 행사로 〈뱀 잡기 대회〉도 준비되어 있었다.

아담이 대문 앞에다 뱀을 잡아 사람들에게 교훈이 되라고 세운 것인데, 그것이 풍습이 되어 700년까지 이어졌지만, 얼마나 교훈이 되어 사람들을 일깨웠을까?

에덴동산의 뱀을 저주하는 행사로서, 인간을 유혹한 사탄의 계략을 사람들은 분개하며 뱀을 때려잡아 매다는 것이었다.

청년들에게 기회가 주어졌지만, 이제 성년이 된 므두셀라에게는 뱀 잡기가 허락되지 않았다. 그를 지켜야 한다는 얇은 믿음으로 그를 조심스레 챙겼다.

불신하는 몇 청년들이 불만을 나타내 보였지만, 므두셀라의 아버지 에녹이 워낙 굳건한 믿음의 소유자요 하나님과 동행하는 자로 인식이 되어 있어서, 누구 한 사람 나서지는 못했다.

하지만 숲으로 뱀 사냥을 나가는 일은 얼마나 신나는 일인가… 어떤 면에서는 그가 좀 불쌍하게도 여겨졌다.

가장 특이한 뱀을 나무에 다는 자에게 아담이 특별한 호칭을 선사하는 것인데, 이 영예의 이름을 얻기 위하여 상남자들의 줄이 이어졌다.

긴 칼과 작대기를 든 청년들과 노장들이 호각 나팔 소리와 함께 일제히 숲으로 들어가, 겁도 없이 들판 곳곳에 뱀을 장대에 세우기 위해 숲속에서 작대기로 풀을 휘저었다. 그렇게 세운 작대기에 달린 뱀들이 가관이었다.

'인간의 저주를 뱀에게' 어떤 사람은 푯말을 만들어 박아 놓기도 하고, 한 장대에 서너 마리를 같이 달아 놓기도 하였다.

"둥둥둥…"

벌써 여기저기서 환호성이 울리고, 매끄러운 몸뚱어리가 축 처진 뱀들이 작대기에 끼이고, 거침없는 남자들의 야성이 살아나서 돋보이고 멋있게 보이는 시간이었다. 뱀잡이보다는 다른 사냥에 눈에 불을 켜고 토끼와

노루를 잡아서 허리띠처럼 두르고 나타난 사냥꾼들도 있었다.

코끼리도 삼킬 듯한 크기의 뱀을 보고 남자들도 소름이 끼친다고 했다.

"누가 잡은 것이야?"

"잡혀서 먹히지 않은 것이 천만다행이구먼."

화려하고 짜임새 예쁘게 디자인된 색깔은 죄다 뱀의 옷이었다.

이제 심사 위원들이 나설 시간이 되었는데, 대부 아담의 한마디가 700년을 주름 잡는 말을 던졌다.

"해마다 잡는 데도 아직도 이리 많단 말인가…"

모두가 호탕하게 웃었다.

"하하하!"

색깔 별로 다 잡힌 뱀들의 처형대에, 저기 눈에 딱 띄는 작대기 하나에 모두의 눈길이 쏠렸다.

'거짓 왕', '저주받은 원수'라는 팻말을 십자 모양 위에 달았는데, 특이하게 눈길과 마음을 끄는 분위기에 일등을 차지했다.

"와~~~"

그는 6대 후손의 예봇이었다.

"여러분, 이제 예봇은 용감하고 남자다운 영예를 얻어서 '엘예봇'이라 불릴 것이오!"

아담의 힘 있는 선포에 모두 그를 치하했다.

"와~!!!"

"엘예봇~~~~

엘예봇!!"

사람들의 환호성이 울렸고 여인들의 춤 무대가 펼쳐졌다.

뱀 껍질을 여기저기서 벗기느라 난리고, 큰 솥에다 뱀탕을 끓여서 남자들의 야식이 제공되는 그 밤에, 초대되지 않은 손님들이 왔으니 이방인들의 딸들이었다. 믿음의 사람들이 늘어놓는 알맹이 없는 자랑거리부터 시작하여, 끝내는 색욕 거리로 저들의 정욕이 어두운 밤을 지배하는 여왕에게, 숨어 있었던 몸의 기운을 바친 것이었다. 요염한 여인들의 은밀한 유혹이 드러나진 않았지만, 그 유혹에 손 내민 남자들의 마음은 이미 도둑맞아 거부할 힘이 없었다.

100세 에녹의 고독한 영성

쏴!!!

밤새 내리던 비가 아침까지 줄기차게 여전히 힘 있게 내려오고 있었다. 시커먼 구름만 끼어도 어쩔 줄 몰라 하며, 혹시나 하는 마음에서 므두셀라의 생명을 확인했던 아버지 에녹. 어쩐 일인지 오늘은 일찍부터 보이지 않았다. 늘 사색에 잠겨서 겉도는 사람이라, 이렇게 비가 퍼붓는 날에 집에 있을 리도 만무였지만, 그래도 오늘은 그를 위한 정말 특별한 기념 날인데…

"시커먼 구름 좀 봐. 비가 엄청나게 올 것 같은데?…"
대수롭지 않게 던지는 사람들의 말에도 왜 그렇게 가슴이 뛰면서 눈물이 핑 도는지, 에녹은 35년 전 보았던 이상을 떠 올리며 혼자 어쩔 줄 몰라 가슴을 쓸곤 했었다. 시커먼 구름만 봐도, 작은 빗방울에도 그대로 가슴에 내려 아파하고 있는 것이었다.
몇 번 큰비가 왔으나 곧 다시 날이 개고 수습이 되다 보니, 이제는 홍수가 옛날 선조부터 전해 내려오는 동화 속의 이야기로 에녹의 꿈을 멸시하고 있었지만, 에녹은 뚜렷한 이상에 사로잡혀 혼자서 가슴앓이하고 있었다.
더 가슴이 아픈 것은 홍수처럼 온 지면을 덮고 있는 사람들의 죄악이었다.

부엌에서 애쓰는 리베카와 식구들은 오늘의 특별한 날을 위해 맛있는 냄새를 풍기며 난리였다. 손님들을 초대해서 파티를 열자는 제안을 한마디로 거절당한 리베카가, 가족들끼리라도 조촐한 자리를 마련하려고 애쓰고 있는데, 그 성의를 봐서라도 자리를 지켜 주면 좋으련만, 도대체 어딜 갔는지 그의 그림자도 보이지 않았다.

레베카가 두리번거리다가 실망과 한숨 섞인 어조로 뚝 던지며 의자에 앉았다.

"또 성산에 올라갔나 보다…"

"제가 가서 모셔 올까요?" 므두셀라가 잽싸게 어머니께 물었다.

"안돼 넌… 감기라도 들면 어쩌려고…"

"둘째가 가거라."

"괜찮아요. 전."

말릴 틈도 없이 벽에 말리고 있던 가죽을 우비 삼아, '두 두둑' 가죽에 닿는 빗소리를 들으며 므두셀라는 언덕길을 올랐다.

큰 나무 사이로 아버지가 걸어갔을 발자국은 이미 빗물에 씻겨져서 없어졌지만, 그 무거운 마음만은 읽을 수가 있었다. 그 누구도 아버지와 같은 심정으로 종말이니 회개니, 하나님을 바라보는 일이 없기 때문이었다. 빗발에 정신없이 흔들리는 키 큰 풀들을 보면서, 세상과 아버지 에녹의 영성 사이에서 왔다 갔다 흔들리고 있는 므두셀라 자신을 보는 것 같았다.

'꼭 저래야만 할까?' 의문도 들었지만, 세상 모든 사람의 죄가 꼭 자기 잘못인 양, 하나님께 애원하고 간청하고 중보하는 고독의 삶에서, 외로운 아버지라는 것이 가슴을 아렸다.

다른 세계 속에서 언제나 혼자 거니는 시간을 좋아하고, 특히나 이렇게 비가 오는 날이면 더욱 걱정이 깊은 얼굴이라, 누구보다 므두셀라는 그

심정을 이해했지만, 그 영성에 함께 할 수 없음에 조금은 씁쓸한 기분이나, 이제 가족들도 어느덧 포기한 듯 열외를 시켰다.

아버지 에녹을 생각하는 동안, 므두셀라 자신도 자기 삶의 끝이 재앙인 것에 대해서 나름대로 그림을 그려 보지만, 뭔가 이루어지지 않을 먼 이야기로 자꾸 맴돌고 있는 것이었다.

나약하고 불확실한 삶으로 저들의 갈급하고 답답한 심령에 답이 되지 못하는 사실에 부끄럽고, 아버지처럼 완전한 진리 안에 있는 자만이 완전한 확신 속에 거함을 보면서도 어쩌면 아버지 에녹이 잘못 꾼 꿈은 아닐까 하는 의구심도 생겼다. 그런저런 생각에 잠긴 자신도 상심의 구름에 빠져서 떠다니는 한 줄기 바람 같았다.

거의 동산에 다다랐을 때, 새들의 지저귐이 요란스럽게 들려 비가 그쳤음을 알려 주었다.

분명히 비를 맞고 앉아 있었을 아버지가, 몸이 젖었는데도 아무렇지도 않은 듯이 먼 동산을 바라보고 있었다. 뒷모습에 수심이 잔뜩 젖어 있었다.

"아버지~"

먼 동산 아래를 지긋한 눈으로 바라보시는 아버지는 말이 없으셨고, 이 세상에 속한 사람이 아닌 듯 했다. 젖은 바위 위에 그대로 조용히 옆에 앉았다.

"므두셀라야…"

험하고 무시무시한 그 이름을 한동안 서럽게 목 놓아 부르시더니, 이름 뜻에 어울리지 않게 오랜만에 다정하게 불러주시는 것이었다.

"예, 아버지…"

35세의 건장한 청년의 목소리도 아버지처럼 푹 내려앉은 톤으로 대답했지만, 에녹의 목소리는 살며시 떨리고 있었고 비에 젖은 말투였지만, 오랜만에 부자간의 대화 물고를 터졌다.

"네 이름 때문에 속상하지?"

"아버지 이젠 아무렇지도 않아요… 아버지께서 사람들이 좀 깨우치라고 일부러 크게 부르신 거 저도 다 알아요."

"그래, 비가 이렇게 오는 날이면 그 꿈에서 외치던 사람들의 절규의 목소리가 들리는 듯해. 혹시 이 비가 그 비가 아닌가 하는 착각도 들고…"

잠시 생각에 잠긴 듯 말이 없으시다가 므두셀라를 향하여 고개를 돌렸다.

"네가 여전히 내 옆에 있다는 사실에 감사한 마음이구나…"

"그러세요?…"

"그래, 너에게는 항상 미안하지만, 사람들 좀 들으라고 아무리 네 이름을 크게 불러도 그냥 한번 웃고 지나간다는 게 속상한 일이었어."

"왜 그렇게 사람들은 진리이신 하나님을 거절할까요?"

"거짓과 위선의 옷을 입은 사람들에게 진리만큼 불편한 게 없는 법이지. 자기만을 위해서 사는 사람들에게 하나님을 주인으로 모시라는 요구보다 불쾌한 것도 없겠지…"

"우리 맘대로 사는 불법이 당연시되어서 그렇군요…"

"그렇지…"

"하나님은 우리와 너무나 친밀한 교제를 원하시는데, 정말 하나님을 믿고 의지만 한다면 하나님과의 동행은 너무나 자연스런 일이고 하나님께서 원하시는 일인데 말이다."

"아버지, 저도 하나님과의 동행은 너무나 어려워요."

"그러냐?…"

그리곤 둘은 속으로 말을 삼켰다.

그런데 저쪽 밀림 안에서 시조새의 기분 나쁜 울음소리가 아득히 들렸다.

"꺼억~~~"

"어? 저거 시조새 소리죠?"

에녹이 고개를 들고 눈을 반쯤 깔면서 이마를 찌푸렸다.

"아버지, 저기 저 긴 강을 건너가 보셨어요?"

"음… 거긴 안 가는 게 좋을 거다. 성산 너머엔 큰 강이 있어서 건너갈 수도 건너올 수도 없지만, 불을 뿜어내고 날기도 하는 공룡들이 있어서 사람들은 얼씬도 못하지…"

"정말요? 와~ 무서운 동물이네요…

그래도 궁금해서라도 가 볼 텐데요?"

"많이들 가 보았지. 돌아온 사람은 아무도 없었지만……"

"그래요?"

므두셀라는 이 세상이 참 넓다는 생각이 들었고, 셀 수도 없는 사람들과 알 수도 없는 동물의 세계가 있다는 것을 알았다.

'혹시 그 옛날 아담이 살았다던 에덴동산이 그 안쪽에 숨었나? 천사가 불 검을 들고 있어서 감히 얼씬도 못 한다는 비밀이 가득한 곳…'

그런저런 생각에 빠졌는데 멀리 기린의 목이 보였다. 왠지 긴 목으로 앞서가는 모습이 처량한 아버지의 모습이랑 닮았다는 생각이 들면서, 목이 빠지게 기다릴 어머니가 그제야 생각이 났다.

"근데 어머니가 기다리실 텐데요……"

"먼저 가거라."

단호한 에녹의 목소리에, 단단한 아버지의 신앙 껍질 속에는 영걸은 활활 타는 뭔가가 있다고 므두셀라는 생각했다.

100세가 되면 행해야 하는 촌장 가입식도 행하지 않으시고, 세상일엔 별 관심이 없이 뭔가 다른 세계가 풍성하게 그를 지배하고 있는 것만은 분명한 것 같았다. 매일 이곳에서 시간을 보내시는 아버지를 이해하기 힘들었지만, 세상을 위한 안타까운 기도를 올리시는 것은, 가족도 이웃들도 온 족속이 인정하는 사실이기 때문이다. 미끄러운 길을 조심스레 내려오며 혼자서 중얼거렸다.

왜 사람들이 아버지는 하나님과 동행하는 사람이라고 그러는지 알겠지만, 왠지 아버지로 인해 더 외롭고 서글퍼지는 마음이었다.

아담 800세 잔치를 준비해야 하나?

세월의 흐름 속에 시간의 변화와 계절의 주기를 정확하게 셈 할 수가 있을까? 늘 똑같은 시간 같으나 이들은 기가 막히게 자연의 변화와 순회 되는 절기를 기억하고, 예배드리는 날짜를 기다리고 있었다.

므두셀라에게 지워진 폭탄을 안전하게 보호하고, 그를 지키려는 믿음의 사람들은, 그의 삶을 지켜보며 하나님의 심판을 떠 올렸지만, 이웃 사람들과 세상은 점차 세월이 흐름에 따라 시들해지고 무뎌지기 시작했고, 어느덧 113년의 세월을 넘겼다.

믿음 안에서 하나님을 찾는 숫자는 줄어들고 있었지만, 대적하는 넓은 길로 들어선 사람들은 점점 그 세력이 커가고 있으니 어쩌면 좋단 말인가?

하나님께 엎드리는 것이 미련하고 어리석게 보이기 시작했고, 보이지 않는 하나님을 섬긴다는 것이 고리타분하게 보일 만큼 세상은 변화되고 타락되고 있었다.

살아 온 800년의 세월만큼 사연이 많은 노장은, 작대기에 의지하여 살아갈 나이인데도, 지팡이 없이도 거뜬히 건장한 아담.

그의 거실 천막엔 늦은 밤까지 불을 끄지 못하고 걱정하는 믿음의 대가들이 있었다.

"이대로 둔다면 아무래도 뭔 일이 일어날 것 같지 않아요?"

촌장을 맡은 게르솜의 겁먹은 눈망울에 마음이 더욱 착잡히 내려앉는 대가들.

그 불안함이 어제, 오늘 일은 아닌 듯하였다.

"예배에 점차 시들해지는 사람들을 어찌하면 좋겠소? 억지로 끌고 올 수도 없고……"

잇사갈의 푸념은 더욱 심각했다.

저들의 세속화 된 문화를 바꾸기는커녕 문화를 구속할 수 없는 세력에까지 뻗쳐 저들에게 회개와 회심, 비판조차 말할 수 없고 선한 영향을 줄 수 없음에 서로가 한탄하기에 이르렀다.

시대가 얼마나 빠르게 변했는지 저들이 붙잡고 있는 믿음이 오히려 가늘게 느껴졌다.

"마음이 이미 뺏겼는데 어찌 몸만 올 수 있단 말이오…"

아르벨의 한탄이 섞인 목소리에 모두 고개를 끄덕거렸다.

"예배도 안 오는 사람들과 어찌 한마음으로 잔치를 열 수가 있겠소?"

"그래도 800년 회갑인데 그냥 지나칠 수는 없지 않겠습니까? 창조 이래 바로 인간 역사의 800년 아니오?"

"그것을 빌미 삼아서 사람들의 마음을 잘 구슬려 봅시다."

"그럼 예전처럼 대회는 그대로 하는 게 나을까요?"

듣고만 있던 아담이 드디어 입을 열었다.

"800세 회갑이 무슨 의미가 있단 말인가. 사람을 잃고 있는 시간인데……"

하나님을 떠난 사람을 잃고 있는 시간이라는 말이 맞았다.

불신과 욕정의 거센 물결에 아담가의 영력 가치가 떨어져 가고, 그들의 영향력은 마치 힘없는 작은 조각배처럼 거센 파도를 넘기에는 역부족으로 보였다.

밤새 의견을 모아도 제자리로 돌아오고 다시 돌아오고… 세상으로 돌아선 사람들을 돌이킬 뾰족한 수가 없어서 어둡고 침울한 침묵을 지키고 있었다.

"모두 고목 광장으로 모일 텐데…"

게르솜이 침묵을 깨고 다시 입을 열었다.

"그럼 돌을 옮기고 대회를 하고 나서 사람들을 잘 설득해 봅시다."

"음…… 왜 이렇게 사람들이 세상 적인지 모르겠군. 그럼 다른 부족들은 초대하지 말고, 아담 가문만 초대해서 잘 구슬리는 게 낫겠습니다."

"아무래도 너무 늦은 밤이니 일단은 대회를 하는 걸로 의견을 모읍시다."

믿음의 사람들이 각성하여 이대로 밀려나서는 안 된다는 생각에, 아담의 800년 회갑을 계기로 다시금 뭉치기로 했다. 므두셀라가 버젓이 살아 있고, 곧 심판의 물로 내릴 대재앙을 아는 사람들인데도, 점차 하나님의 존재를 부인하는 행동을 스스럼없이 해도 오히려 부끄러움이 없었다.

큰 용사들의 단합으로 형성된 게르 족속들은 믿음을 저버리고 이방인의 딸들과 결혼한 후손들인데, 우상을 섬기는 이방 여인을 신부로 맞이하는 풍습이 걷잡을 수 없는 유행처럼 번져 나갔다.

타락한 저들의 제일 먼저 나타나는 것은 문란한 성생활이었다.

겉으로는 믿음의 가문이라 말하지만, 거룩함으로 구분 지을 만한 삶이 전혀 없어 보이는 무늬만 성도이지, 세상 사람들과 똑같았다. 아는 것과 삶의 행동이 분리된 믿음의 약골들.

믿음의 가문에도 영에 속한 것인지, 육에 속한 것인지 분명하게 드러나는 시험할 수 있는 까불이로 흔드는 것처럼, 홍해가 반으로 쫙 갈라져 좌우가 나뉘는 것처럼, 하나님과 멀어지는 악함도 시간 속에 숙성이 되어, 점차 저들의 속모양이 겉으로 제 본모습을 드러내기 시작했다.

하나님 앞에 엎드려 예배하는 것이 낡아빠진 골동품처럼 취급되어, 점차 예배에 참석하는 인원들이 줄어드는 시점에도, 예전과 같이 창던지기, 멋진 가죽 만들기 대회, 뱀 잡기 대회를 하기로 하였으나, 예전처럼 그리 들뜨는 분위기는 아니었다.

회중 앞에 선 아담의 긴 수염과 하얀 머리에선 여전히 빛이 났다. 눈의 깊이를 볼 수 없을 만큼 긴 눈썹으로 골 깊은 눈을 덮었는데, 그 입에서 나오는 어떤 말이라도 진리일 것 같은 신성함이 풍겼다. 그런데도 아담은 제일 중요한 시간에 에녹을 돌단 위에 세웠다.

진리를 힘 있게 외쳐서 저들을 깨우칠 수 있도록, 영력 있게 저들의 영적 감각을 일깨워주고, 잡아주길 바라는 마음으로 에녹을 세웠다. 아담이 선택한 옳은 결정엔 얼마나 효력이 있었을까?

"이 자리에 참석한 여러분을 환영하고 감사를 드립니다. 잊지 않고 먼 길을 와 주셔서 얼마나 마음이 뿌듯한지요.

에, 그래서 오늘 특별한 분을 모셨으니, 모두 은혜의 시간이 되기를 바라며 축제를 맘껏 즐기십시오."

매일 기도와 중보로 다져진 에녹의 영성에서, 보물 가득한 보물 상자를 열 듯 그의 입이 열렸다. 상처를 입히는 말이었지만 치료하고 바른길로 인도하는 진리의 보석을 던지고자, 에녹은 거두절미하고 예리한 말씀으로 저들의 정곡을 찔렀다.

"신앙 양심은 사람을 사람 되게 하는 것인데, 죄에 대해 애통함이나 통증을 모른다면 양심이 화인 맞은 자요,

바로 짐승 같은 자들이오!

예배하지 않고 마음대로 몸대로 사는 자들은 들으시오~!"

심한 모욕이 되는 말이었지만, 죄를 죄로 지적하는 것이 그의 목적이었다.

잘못된 길에서 돌이켜, 하나님 앞으로 올 수 있도록 이끄는 것을 그의 책임으로 알았다. 예리한 칼로 저들의 썩은 양심을 베어 내고, 불순종에 갇힌 저들을, 눈총과 혀의 채찍으로 갈겨 저들의 뼈를 맑게 하는 약. 피 흘리고 아프게 살점을 베어 내고 잘라 내라고, 마구 뒤흔드는 강한 하늘 바람이었다.

"하나님을 예배하지 않는 자들은 들으시오. 다른 길에 선 당신들은 이미 하나님의 일을 훼방하는 자요. 이성 없는 짐승같이 본능으로 행하는 죄악으로 인해 멸망할 것이오! 그 시간이 얼마 남지 않았으니 칼로 마음을 자르고 돌아서시오."

말씀에 찔려 갈등하고 회개의 운동이 일어나야 할 그 자리가, 오히려 '뿌드득' 이를 갈며 저들의 마음에 칼 하나를 갈고 있는 사람이 있었으니…… 사람들의 딸들과 결혼하여 강한 부족을 만들고 그 힘을 키워온 이드세 추장이었다.

혼자 중얼거렸다.

'그래, 나는 사람의 몸에 갇힌 사탄이다.

그 시간이 얼마 남지 않았으니 기다려라… 곧 찔러주마!'

삶의 생각과 의견이 다른 것이 아니라, 그 정체를 폭력적으로 나타내는 심각한 범죄를 스스럼없이 나타내는 것이었다.

순리를 버리고 향락을 즐기는 삶에 빠진 족장 대표가 던진 무서운 각오를, 아쉽게도 믿음 공동체인 아담가는 아무도 듣질 못했다.

에녹의 차갑고도 매서운 경고에 사람들은 잔치고 뭐고 슬슬 다 돌아가 버렸다. 믿음의 사람들조차도 에녹의 설교가 너무 했다는 말이 돌고 있어서, 아담과 에녹의 수심은 더욱 깊어져 가고 있었다.

8

므두셀라의 예쁜 신부, 러셀

심상치 않은 짙은 구름이 덮였다가, 순식간에 바람이 휘몰아쳐 구름을 거두어 가고, 하늘이 다시 파랗게 드러나자, 므두셀라의 마음은 너무나 공허해지기 시작했다. 구름 하나에도 마음이 갈대처럼 뒤흔들리는 나약함에, 자기 자신이 점차 싫어졌다.

'사람들은 하나님 없이도 너무나 잘 살고, 멋있고 즐겁게 살고 있는데, 나는 무엇인가?'

'하나님 앞에 의인이란 무엇인가?'

'나의 죽음의 의미는 무엇인가?'

'나는 왜 아버지가 보았던 믿기지 않는 이상한 꿈에 맞추어 살아야 하나?'

머리카락과 옷깃이 바람에 펄럭이듯이, 므두셀라의 마음은 어두운 불신으로 어지러이 흔들리고 있었다.

므두셀라를 괴롭히는 잡다한 생각들로 잠 못 이루는 밤이 잦아지자, 힘 빠진 얼굴에 근심을 칠하고 다녔다.

예배드리는 시간에도 축 늘어진 므두셀라의 어깨로 인해, 가족들과 아담가에 므두셀라의 결혼을 갑자기 들먹였다.

"그래… 언제 죽을지 알겠어? 결혼해야지. 암."

"맞아. 그리 넋을 빼고 살 것이 아니고, 결혼도 하고 애도 낳고 해야지."

"혹시 아버지가 잘못 본 이상 아닐까요?"

"쉿~ 그런 소리 하지를 말어. 돌덩이보다 더 확실한 거여."

"맞아. 이름이 므두셀라잖아!"

"그렇긴 해…"

그 죽음의 불안을 품고 살던 므두셀라가, 이웃들과 가족들의 권고에 밀려서, 늦은 나이 180세에 젊고 아름다운 신부 러셀을 맞이했다.

무슨 일이 있어도 므두셀라를 보호해야 한다는 당부를 수없이 들어온 러셀은 부담을 안았지만, 깊은 믿음의 소유자였고 기도하는 아내였다.

석양이 아름다운 동산에서 러셀이 므두셀라의 손을 꼭 잡고 거닐다가 걸음을 멈추었다. 미소를 띤 얼굴은 더욱 눈이 반짝거려 보였다.

"당신을 통해서 하나님의 뜻을 이룬다는 게 정말 기쁘지 않아요?"

"그래? 난 그렇게 생각해 본 적이 없었는데…"

그렇다. 므두셀라는 단 한 번도 그런 생각을 한 적이 없었다. 하나님의 뜻을 기쁨으로 생각하기보다는 언제나 짐으로만 생각하고 괴로워했었다.

"하나님께 특별히 선택받아서 산다는 것은, 어쩌면 인간 최고의 영광이 아닐까요? 전 너무나 감사한 일이라고 생각해요."

러셀의 소명에 대한 특별한 감사가 넘치는 미소는, 석양보다 더 아름답고 사랑스러워 보였다.

늘 고민에 싸여 하나님의 뜻을 이루는 게 무엇인지, 종말을 품은 삶은 어떻게 해야 하는지, 자신의 믿음이 정말 초라하다는 생각을 떨칠 수가 없었는데, 다행히 러셀과 대화할 땐 자신의 영성이 살아나 부여받은 사명이 확실해지고, 하나님과 더욱 가까워지는 것 같았다.

"어머나 예뻐라, 호호."

이름도 모르는 들꽃 한 송이를 가리키며 꽃 눈높이에 맞춰서 앉더니 므두셀라를 올려다보며 감탄을 연발하는 러셀이었다.

"여보 이 꽃 좀 봐요. 어쩜 이렇게 완벽할 수 있을까요?"

"……" 맞장구를 쳐야 하는데 무슨 말을 해야 할지 몰랐다.

"가느다란 꽃대에서 어찌 이렇게 완벽한 꽃이 나올까요?

하나님의 솜씨가 놀랍지 않으세요?"

대답 없이 그냥 듣기만 하는데도 러셀은 혼자 신나서 계속 읊었다.

"누가 봐준다고 이 외딴곳에서 혼자 이렇게 웃고 있었을까요?

꽃이 받은 사명을 흔들림 없이 이룬 모습이 너무 멋지지 않나요?

아우~ 너무너무 예뻐요."

그러고 보니 그렇게 보였다. 있는 그 자리에서 받은 사명을 다하는 꽃은 빛나 보였고, 받은 사명을 버거워하는 본인과 참 비교가 된다는 생각이 잠깐 들었다.

하나님과의 완벽한 교제는 어떤 것일까? 밀착되어 하나님 안에 하나가 되어 온전한 관계를 이루는 신방의 관계인가?

그런 완벽한 교제가 러셀과 함께하는 시간으로 말미암아 어렴풋이 그려지는 것 같았다.

러셀과의 교제는 너무나 아름답고 소중하여 더욱 친해지고 싶었고 그녀를 기쁘게 해 주고 싶었다.

아름다운 믿음의 소유자인 아내 러셀과 친구처럼 동역자처럼 같이 걸을 때면 므두셀라는 행복감을 처음으로 느꼈다. 너무나 부드럽고 얇은 막으로 둘러싸인 '행복'이, 혹시 터지지 않을까 하는 불안한 마음이 들었지만, 본인의 등 뒤에 짊어진 폭탄을 생각하고 선 허탈하게 웃었다. 과연 러셀처럼 기쁨으로 하나님의 뜻에 쓰임 받음을 감사할 수 있을까? 그렇게 러셀과의 영적 가치관에 차이가 있었어도, 서로가 바라보는 것 자체로도 너무 행복한 시간이었고 배우는 마음이었는데, 늦은 187세에 아들 라멕까지 얻게 되었다. 정말 믿기지 않았다.

아기 라멕을 떨리는 두 손으로 조심히 안은 므두셀라가, 어깨를 들먹이며 감격을 숨기지 못했다.

"나는 결혼 같은 건 못 하리라 생각했고, 자식은 꿈에도 생각지 않았는데… 이런 귀한 아들을 안아 보다니…"

므두셀라의 감동에 젖은 그 한마디가 너무나 안쓰러워 러셀은 몸을 일으켜 므두셀라를 꼭 안아 주었다.

"하나님 앞에서 기쁘고 즐겁게 사는 것 또한 그분의 뜻이에요. 부여하신 사명도 중요하지만, 늘 기뻐하는 것도 그분의 뜻이 아닐까요?"

므두셀라는 눈이 젖은 채로 러셀을 쳐다보며 말을 잇지 못했다.

"그렇구려, 그렇구려."

"자, 이제 아들로 인하여 기쁨을 누리시고 삶을 즐기세요."

넉넉한 믿음을 소유한 러셀의 격려는 므두셀라에게 무거운 폭탄을 잠시나마 내려놓는 평안함을 느끼게 해 주었다.

"고맙구려…"

오로지 앞으로 닥칠 재앙만을 생각하고 준비된 삶이 되려고 애썼고, 그렇게 사람들에게도 회개를 촉구하며 외쳤기에, 곁에 있는 소소한 행복과 하나님 원하시는 즐거움을 무시하고 살았다. 하나님께서 짊어준 시한폭탄은 도대체 얼마나 기다려야 하는 것일까?

역시 인내를 요구하는 하나님의 시간표는, 인간의 시계와 다르다는 것을 새삼 깨닫게 했다.

아담가에 모처럼의 웃음꽃이 피었다. 생명줄 어딘가에 자리한 저주의 폭탄은 그대로 안고 있었지만, 므두셀라가 건강하고 결혼하여 아이까지 갖게 된 것에, 모두는 왠지 안심되어 기뻐할 수 있었다.

"참 다행이여~"

"그러게, 감사한 일이네…"

므두셀라는 생각해 보니 말씀을 품고, 말씀으로 살 수 있음이 너무나 감사한 일이었다. 모이는 예배 때에만 느꼈던 충만한 은혜가 흩어지는 예배인 삶 속에서도 이어지는 하나님과의 교제가 너무나 감동이었다. 그분의 관심과 뜻 아래에 생명이 지연되고, 순리대로 변화하는 자연의 아름다움과 채움으로 찾아오는, 그분의 계획 아래에 숨 쉬고 그 뜻 안에 존재한다는 사실만으로도, 영광이고 감사한 일임을, 아내 러셀을 통해서 삶의 격을 바꾸고 감사하게 되었다.

최고의 축복은 그 말씀을 잊지 않고 기쁨과 감사로 붙들고 살아가는 것임을, 늦게나마 깨닫게 되어 웃음을 찾았다. 야무진 믿음을 소유한 아내 러셀은 하나님의 선물이었고, 잔잔히 흐르는 내적 평화도 하나님을 품게 하는 이름다운 선물이었다.

내면 깊이와 소명의 너비에 신뢰가 가는 아내의 믿음을 닮은 라멕!

아버지 므두셀라보다도 더욱 강한 믿음의 사람으로 자라났다. 그의 할아버지 에녹의 영성을 그대로 물려받은 영력 있는 사람으로 뼈가 굵어지고 있었지만, 시대는 점점 악해져 가고 있었다. 믿음의 젖줄을 물릴 사람들이 점점 희귀해져 가는 그런 악한 세대에 라멕은 자라고 있었다.

"라멕~"

손자를 부르는 할아버지 에녹의 목소리는 청명하고도 사랑이 넘쳤다. 에녹이 가는 곳이면 언제나 라멕이 따랐고, 에녹의 기도처도 라멕이 즐겨 찾는 놀이터가 되었다.

"예… 할아버지, 왜요?"

"나랑 어디 좀 같이 갈까?"

"네, 할아버지!"

똘똘하고 시원한 대답으로 상대방을 기분 좋게 하는 재주를 지닌 라멕이었다.

오랫동안 소식이 없는 대부 아담의 건강이 걱정되어 병문안 가는 길이었다.

세상의 죄악으로 실망의 무게가 점점 무거워져, 아담의 수심도 깊어가고 있어서 끙끙 앓고 있었다.

'여자의 후손을 보내주마~' 아련한 하나님의 약속이 생각이 나서 아담은 자주 남모르는 눈물을 흘렸다.

에녹과 그의 손자 라멕이 거의 도착할 즈음, 그는 겨우 일어나서 얼굴과 손과 발을 씻고 몸단장하고 무릎을 꿇고, 심령 깊숙한 곳에서 익숙한 단어 하나를 미어지는 가슴으로 외쳤다.

하나님께서 우리에게 주신 가장 완벽하고 아름다운 이름의 아버지…

"야훼 아버지~"

공기가 새어 나간 공처럼, 꺼져가는 희미한 불빛처럼 가느다란 외침이었지만 그의 목소리엔 단호한 영적 깊이가 있었다.

아담의 목소리를 들은 라멕이 얼굴에 화색을 나타내며 할아버지를 재촉했다.

"할아버지, 대부 아담이에요."

"그래, 얼른 들어가 보자."

하나님의 거룩한 이름을 애타는 마음으로 외치고선 다시 바닥에 붙어 버린 아담. 에녹을 알아봤지만 일어나 앉아서 반기지는 못했다.

예배를 멀리하는 사람들로 인하여 마음의 병이 들어 셋과 에노스, 에녹의 잦은 방문과 기도에도 스스로 일어나길 거부하는 사람처럼 말수가 없었다.

꿩고기를 고아서 가져오고, 어렵게 구한 공룡의 뼈도 가져오고, 몸에 좋은 약은 다 가져와도 아담은 먹기를 거부했다.

"어떡하죠? 제사장 셋의 800세 회갑이 얼마 안 남았는데…"

"이 사람아 회갑 잔치는 뭘…"

셋의 말이 끝나자마자 받아쳤지만, 시대의 흐름은 걱정거리가 아닐 수 없었다.

"지금 대부 아담이 저렇게 병상에 있는데 어찌 잔치를 할 수 있단 말이오?"

"그래도 셋의 800세 회갑인데…"

"아니요… 회갑이 뭐 그리 중요하오? 우리 모두 아담의 건강에 신경을 쓰도록 합시다."

셋의 800세 회갑 준비를 취소하고 점차 자연스럽게 장례식 준비로 흘러가고 있었다.

9

제일 처음 사람, 아담의 장례식

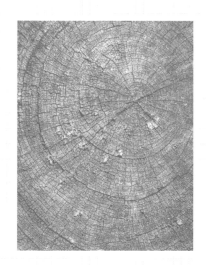

태고의 날, 생명의 아버지인 하나님과 직접 대면하여 교제하고 불렀던 야훼의 이름. 이제 그의 마지막 순간, 명언을 놓칠세라 자손들이 둘러서서 귀를 기울였다. 하나님께서 직접 그에게 생기와 숨을 주셨는데, 이제 그의 마지막 숨을 모아서 나지막하게 영광의 이름을 부르는 자리.

"야훼 하나님~"

930년 고난의 날개를 힘없이 접으며, 남아 있는 인간들을 위한 한마디도 잊지 않았다.

"약속하신 여인의 후손을 기다리거라!"

그리고 자신에게도 마지막 한마디를 천천히 남겼다.

"다 이루었다."

어찌 보면 이룬 것 아무것도 없었지만, 수고하고 땀 흘려 애쓰면서 사람으로서의 본분을 다하고 즐겁고 행복하게 산 것으로, 아담의 일은 끝난 것이다.

보시기에 심히 좋았던 하나님을 닮은 하나님의 걸작품.

하나님과 대면하여 교제하고, 하나님의 지혜와 총기와 인품, 그의 모양을 닮은 아담.

사람과 동물, 식물을 위한 이름을 짓고, 많은 생활의 지혜와 지식을 전수한 위대한 사람 아담.

에덴에서의 하나님과 완벽했던 교제와 관계는 엄마의 자궁 안에서와 같이 하나님과 하나 된 온전한 관계였지만, 그 아름다운 영적 탯줄을 불순종한 아담이 스스로 잘라버린 것이었다.

돌이킬 수 없는 불순종으로 인하여

순식간에 들어 온 부끄러움으로 한없이 추해진 자신을 숨기고, 얼굴을 가리고 몸을 가리는 껄끄럽고 어색한 관계로 되어 버렸다.

하나님께서 직접 만들어 주신 양의 피를 흘려서 얻은 가죽옷을 걸치고서야 그의 얼굴을 볼 수가 있었음은, 거리낄 것 하나 없는 이전의 관계로 가는 길은 오로지 양의 옷을 입어야만 한 것이었다.

에덴에서 하와와의 행복했던 완벽한 시간~

돌이킬 수만 있다면 잘라 버리고 싶었던 불순종의 시간~

끝없는 후회와 자책, 눈총으로 하와를 아프게 했던 고난의 시간~

두 아들을 한꺼번에 잃은 긴 터널의 아픔~

셋, 에노스와 함께 예배를 회복하여 치유 받은 시간~

제사장으로서의 책임감 다한 사역~

처음 받은 사명으로 다시금 사람들을 일깨워 이름과 사명을 덧입혔던 시간~

그런 그가

"너는 흙이니 흙으로 돌아가라."

말씀하신 대로 그 말씀을 받아들일 시간이 다가왔다.

아담의 죽음을 알리는 뿔 호각 소리가 끝도 없이 길게 슬픈 여운을 남기며 동네 전체에 울려 퍼졌다. 예배를 무시하는 족속들이 판을 치는 이런 암울한 시기에 영적 아버지 아담이 빛을 잃었으나, 갑자기 문가엔 장례식 준비로 사람들의 생기가 돌았고 바빠졌다.

말을 잘 타는 게델이 족장마다 알리기로 했고, 향품과 세세한 준비는 6대손 야렛이 맡기로 했다.

그의 4대 후손 게난이 장례를 도맡아 제사장으로서의 직분을 맡았고, 므두셀라 곁에는 항상 라멕이 잔일을 맡아서 처리했다.

그의 장례는 장례식이기보다는 또 다른 부흥을 여는 집회 같았고, 아담이 하나님과의 교제 속에 품었고 누렸던 말씀들이 사람들의 가슴에도 뭉클하게 다가와 되새기며 그 말씀들이 다시 회자하였지만, 후대 사람들이 지속해서 하나님과의 교제가 이어지도록 힘이 되었으면 좋겠지만, 낡아빠진 옛날이야기로 묻어 버리는 세월 앞에 서게 된 것이었다. 어쨌든 먼저 걸어간 사람이 있다는 건 얼마나 감사한 일인가. 그 죽음의 길도 축복이었다.

화려한 장식과 서열대로 앉았던 그 맨 첫 자리에, 이제 아담의 자리가 비워졌고 셋이 그 자리를 대신했고, 아담의 장례식에 셋은 800세, 에노스 695세, 게난은 605세, 마할랄렐은 535세, 야렛은 470세, 므두셀라는 243세, 라멕은 56세였다.

장례식이 한 달여가 지난 후, 멀리서부터 큰 북소리와 함께 갑자기 가인의 후손들이 등장하여 왈칵 뒤집힌 자리가 되었다.

"가인이라고?"

"아벨을 죽였던 그 가인?"

어느 누구도 예상치 못한 그들의 등장에 모두 놀랄 수밖에 없었다.

머리에 하얀 모자를 길게 쓰고 포대 옷을 입고, 짚으로 머리띠를 두른 '셋'이 대표로 나가서 그 손님들을 맞아서 인사를 나누었다.

'정말 가인 형님이란 말인가?……'

'아직도 그 전설이 살아 있어서 이렇게 그와 그 후손들을 만날 수 있다니…'

그 옛날 말로만 들었던 전설 속의 첫 번째 살인자가 이제는 우두머리다운 늠름함이 보였다. 아직도 얼굴엔 하나님께서 주신 표시가 그를 두르고 있어서, 함부로 대하지 못할 근엄함이 풍기고 있었다.

가인은 하나님과 아버지를 떠나는 게 최고의 벌이었다. 하나님을 대면할 수 없는 곳. 믿음의 가문에서 스스로 그 끈을 잘라버리고 방랑의 삶을 시작하여 유리하는 자가 되었지만, 하나님께서 지키겠다고 하신 약속은 그의 후손들의 번창에서 잘 나타나 있었다.

동방에서 상인들의 소식으로 아담의 죽음을 전해 듣고 왔는데, 그 상인들이 다루는 상품들로 가득한 상자들을 낙타에서 하나씩 내리면서 보여줄 때, 사람들은 입을 다물지 못했다.

정말 가인이라면, 소문으로만 들었던 전설의 형제 살인자 그 가인이 사실이라면, 족보를 다시 따져야 할지, 서열대로 앉았던 사람들이 차례로 자리를 하나씩 물려야 할지, 눈치를 보는 듯했지만 이미 족보에는 셋이 그 사람 다음 장자로 물림을 받았기에, 가인이 장자의 서열에 끼지는 못하고 손님석에 자리했다.

동쪽 나라에서 온 가인의 방문으로 상가의 낮과 밤을 새웠다.

빠질 수 없는 가인의 과거를 숨김없이 나눌 때는 잘못된 그의 과거가 다른 사람에겐 교훈이 되기를 바라는 마음이었을까. 하나님을 떠난 죄를 부끄럼 없이 토하는 그의 실화에 장례식은 즐거운 이야기 마당으로 펼쳐졌다.

"하나님께 나아가려면 꼭 양을 잡고 그 피로 예배드리라고
아버지께서 일러 주셨지."

그를 둘러싼 사람들이 모두 고개를 끄덕였다.

"근데 내가 보기에 그게 너무 끔찍하게 보이더라고.
하나님께서 제시한 길보다 내 생각 내 고집이 우선인 철부지였지."

"……" 모두 고개만 끄덕이고 말이 없었다.

"그때도 내가 농사는 잘 지었는데, 내 눈에 보기엔
농사지은 것들이 훨씬 멋지고 이뻐 보이더라고."

구수하고 솔직한 그의 이야기에 사람들은 귀를 쫑긋 세워 들으며 맞장구를 치기 시작했다.

"그렇지 그치, 그랬겠지."

"근데 난 또 양을 잘 못 길렀어. 그래서 제대로 양을 잡으려면 아벨한테 가서 구차한 소리를 해야 하는데, 차라리 농사지은 열매로 하나님께 드리면 하나님께서 좋아하시고 이해하실 줄 알았어."

두 둥 둥 가슴 뛰게 하는 그의 드라마틱한 이야기에 사람들은 빠져들고 있었다.

"그렇게 재물을 드리고 응답하길 기다렸는데 아벨의 재물에만 응답하

서서 불로 태우시고 내 재물은 그냥 그대로 안 받으시더라고. 아니 세상에 어쩌면 그렇게 차별하실 수가 있어 그래?"

"속상하셨겠어요."

"속상하다는 것으론 양이 안 찼어. 속이 부글부글 끓더라고. 편애 당하는 더러운 기분에 일이 손에 안 잡혀서 쓸데없이 아벨만 미워했지."

"이해되네요."

"결국, 아무도 없는 들판에서 아벨을 죽이고 그의 의로운 피를 쏟고 말았지."

사람들은 손으로 입을 막았다.

860년도 더 오래된 그 옛날의 일이 아니던가. 그런데도 가인은 생생하게 절대 잊을 수 없는 상처로 안고 있었다.

"지나고 보니 다 내가 잘못했는데, 아버지가 시키는 대로 안 하고 내 멋대로 한 내가 죄인이었는데, 투정만 부리다가 부모님께 큰 불효자 되어 부모님을 뵙기가 죄송했고 하나님 뵙기도 두려웠어. 아까운 동생을 그렇게 보냈다는 게 평생 아픔이 되어 늘 미안한 마음이었지. 흠."

측은하게 보인 것일까?

내 모습 같은 동질감이었을까?

그를 이해하듯 불쌍히 여기는 대답을 너도나도 했다.

"예.", "쯧쯧."

"그런 나를. 천하에 몹쓸 놈을. 하나님께서 지켜 주시겠다고 약속을 하시는 거야."

갑자기 가인은 말끝을 흐리며 고개를 숙여 울먹거리나 했더니, 말을 천천히 또박또박 힘주며 소리쳤다.

"여러분들이 보시다시피 무서운 세상인데도 하나님께서 함께해 주셨고 지켜 주셨지!"

"와~~~"

모두 박수를 보내며 환호성을 울렸다.

가인의 살인 추억이 신난 듯 그의 이야기를 즐기고 있었다.

또 농사를 기가 막히게 잘 짓는 가인은 그의 농사법 또한 사람들에게 도전이 되었고, 특별한 악기를 가져와서 연주할 때는, 가슴에 새로운 영감과 음악의 세계를 열려는 꿈을 키우는 사람들이 생겨났다.

가인을 반기면서도 경계심을 놓지 않은 사람은 바로 동생 '셋'이었다.

어머님의 아픔이었고 아버지의 수치였던 가인…

그가 아담의 장례식에 영웅이 되어 돌아올 수 있었던 것은, 과연 하나님의 약속이 있었다. 지켜 주시겠다고 하신 약속…

하나님의 깊은 용서와 배려를 그의 삶을 통하여

배울 수 있었다.

두발가인은 청동기와 돌, 희한한 나무 연장을 선보여 사람들을 놀라게 했고, 가인의 일행으로 장례는 잔치와 같은 분위기로 밤을 새우고 있었다.

그중에서도, 가인의 손자 라멕은 부인들을 양옆에 끼고서, 얼마나 호통하게 웃음과 허세로 사람들을 사로잡는지, 남자들은 라멕의 이야기로 모두 신난 얼굴이었다.

족장마다 가문의 기호와 색깔을 나타내는 긴 깃발을 펄럭이고, 여인들은 곡을 하고 노래를 부르며 매장을 위한 행렬이 산속까지 이어졌는데, 930년의 향수를 선물한 하나님께 감사하는 축복의 매장이었다.

돌아오는 길에 쓰러진 고목에서 버섯이 무지하게 올라온 것을 보면서, 고목은 으스러졌지만 다른 생명을 품은 생기를 전해 주는 자연의 신비를 목격하며, 아담의 영향력은 계속될 것임을 배웠다.

그 장례식 이후, 부쩍 늘어난 놋 땅의 핏줄들이 자리를 잡을 곳을 찾고 있었고, 진귀한 것들을 사고팔고 한 달을 더 머물렀다.

가인의 일행이 지나간 흔적은 믿음의 사람들에겐 불같은 것이었다. 금방이라도 다른 이에게 옮겨붙을 것 같았는데, 과연 그 불은 옮겨 다니는 힘이 있었고, 급기야 에녹 성을 본떠서 아담성을 건축하자고 난리가 났었는데 그렇게 빠르게 결의가 되었다.
"하하하~~~
에녹 성의 위대한 건설을 여러분들이 알지 못하는구먼."
가인의 화통한 웃음과 그 세력에 밀려난 믿음의 문가가, 아담을 기념하기 위하여 십자 모양의 부족들이 네 구역으로 나누어, 각각 자기 담당을 책임지기로 했고 아담성의 대공사를 시작하기로 한 것이었다.

"아담성을 지읍시다!"

믿음의 영향력이 점점 약해지는 가운데, 성곽을 굳게 세운다고 저들의 믿음을 강하게 지키고 다른 부족에까지 믿음의 영향을 끼칠 수 있을 것이라 믿는 것인지, 소수의 회의와 의문은 가인의 압력에 위축되어 버렸다.

몇몇 중심이 뚜렷한 믿음의 사람들의 반발이 있었지만, 아담성은 건축이 시작되었다.

큰 돌들을 이웃 족속들에게서 실어 나르고, 그들의 기술과 인부를 들여서 하다 보니, 사람들은 그들의 문화를 반겼고 외부의 영향으로 점점 타락하고 익숙해져 가고 있어서, 그렇게 양심의 가책 없이 자연스럽게 배우고 따르게 되었다.

10

아담성보다 큰 믿음성

아담성의 건축을 시작한 지 어느덧 57년이 흘러, 거의 완공 단계에 이르자, 아담가의 사람들이 다시 머리를 맞대고 의견을 모았다.

"이제 건축이 거의 끝날 단계에 이르렀습니다."

"하하하 그러게 말입니다. 불가능해 보였던 일이었는데, 모두의 마음을 합치니 이루어지는군요."

"중간에 북쪽 세사르족속의 방해가 있었지만, 무사히 잘 넘긴 것 같습니다."

"예, 이 모든 것이 여러분의 기도 덕택이고, 에녹 님의 기도 때문이 아니겠습니까?"

"아니, 뭔 말씀을 그리 섭섭하게… 다른 분들이 상처받습니다."

"상처라니요? 얼마나 자랑스럽고 고마운데요."

"든든한 기도 후원자가 있다는 이 사실은, 온 민족이 인정하는 바 아닙니까? 하하!"

"그럼요… 다 그 기도 덕분이지요."

"자, 자, 그러지 마시고 이제 어떻게 완공식을 진행할지 의논해 봅시다."

"므두셀라의 300 회갑 잔치와 겸하면 어떨까요?"

"그런가요? 하하하!"

"어쩜 그리도 발상이 탁월하십니까? 우리 므두셀라 님이 어디 보통 분이셔야지요."

"하하하 그러네요. 다른 분은 몰라도… 므두셀라의 회갑은 우리가 진짜 축하할 일이지요."

아담성 완공식과 므두셀라의 300 회갑을 겸사로 해서 축제의 날을 정하고, 아담가의 제사장들이 함께 웃음으로 밤을 메우는 시간에, 누군가의 인기척으로 인해 귀를 쫑긋 세웠다.

"대제사장님…"

누군가 밖에서 부르는 소리가 들렸다. 늘 음식을 섬겨 주는 살로메 아줌마의 목소리였다.

"무슨 일인가?"

손님들이 찾아왔습니다.

"손님? 이 밤에?"

몸 빠른 젊은이 브리스가 먼저 나가서 보니, 달빛에 보아도 우수에 가득해 보이는 두 여인. 눈만 내놓고 모두 두르고 나무처럼 서 있었다. 머리에 두른 천 색깔만 봐도, 한눈에 다른 부족임을 알았다.

"누굴 만나러 왔는가?"

"에녹 대제사장입니다."

"그래?"

천막 안에서 에녹도 다 듣고 있었기에 바로 대답했다.

"들어오시라고 하게."

"그래도 될까요?"

약간 의심에 찬 목소리로 고개를 갸우뚱하자, 안에서 나누는 말을 들었는지 단호하게 청을 올리는 여인들이다.

"아닙니다. 잠깐 밖에서만 말씀드리려고요."

저들의 강한 의지에, 에녹이 일어나 여인들의 곁으로 몸을 옮기고 조심스레 귀와 눈을 떴다.

두 여인이 에녹을 쳐다보고 확인하더니, 갑자기 무릎을 꿇고 앞뒤 말도 없이 용서해 달라는 것이다.

"용서해 주십시오."

"아니, 무슨 일인데 그러시오? 일어나시오."

"아닙니다. 저희는 하나님을 예배하지는 않지만, 마음으로는 하나님을 두려워하는 사람들인데……

우리 족속들이 아담성 완공 축제 때에 에녹을 죽이기로 작정했다는 정보를 들었습니다."

"네? 정말요?"

"흑흑, 용서해 주십시오. 그러니 완공식에 절대로 나타나지 마시라고 이렇게…"

에녹이 두 손으로 그들을 부추기며 차분히 말했다.

"걱정하지 마십시오. 어쨌든 고맙구려. 너무 늦었으니 우리 살렘님이 모셔다드리는 게 낫겠소."

"아닙니다. 혹시 우리가 여기 온 것을 아는 날에는 더 위험할 수 있으니 조용히 돌아가도록 해 주십시오."

"음… 생각해 보니 그렇군요. 하나님께서 함께하시기를 빌겠소. 하나님께서 악한 이 세대를 멸하시기로 하셨으니 그분의 말씀을 기억하시기를 바라오."

검은 여인들의 뒤 자태가 바삐 걸어가는 모습에 에녹은 한참이나 그대로 서 있었다. 천막 안에서 모든 이야기를 다 들은 사람들이 나와서 여인들이 사라진 어둠 속을 바라보자, 에녹이 먼저 돌아와서 자리에 앉았다.

"이 일을 어찌한단 말이오."

"아무래도 에녹님은 그날 어디 가서 피신하는 게 좋을 것 같습니다."

두 사람이 결론을 내린 듯, 에녹 곁에 바짝 붙어 앉아서 권고했다.

"에녹 님은 그날 피신하시지요?"

"아닙니다. 어차피 이것은 진리와의 전쟁이고 영적인 전쟁이므로, 하나님께 그 승패가 달렸지 않겠습니까? 그러니 너무 걱정하지 맙시다."

"그래도 만약에 그런 불상사가 생긴다면 어떤 개인적인 신상보다도, 앞으로의 우리 족속에게 또 다른 영향을 미치지 않겠습니까?"

"그렇겠네요. 저들이 얼마나 사악한 족속인지 소문을 들어서 잘 알지 않습니까?"

"아닙니다. 저들이 아무리 사악하다 해도, 우리는 우리의 할 일을 하고 외쳐야 합니다. 죽는 것이 뭐가 그리 대수라고 그러십니까? 하나님을 대적하는 세상에서 나온 젊은이들이 올바른 삶의 방향을 정할 수 있도록 제시하고 돕는 그것이 우리의 소명이 아니겠습니까? 그날 단 한 사람이라도 유턴할 수 있는 전환점이 되고, 진리의 말씀으로 거듭난다면 그 자리를 지켜야겠지요. 그래야 우리의 삶이 하나님 앞에서 의미가 있지 않겠습니까?"

에녹의 결단은 어떤 두려움을 넘어서는 그런 차원이 아니라, 죽음과 삶이 하나 되어 영원을 바라보는 깊이를 모두가 경험한 대답이었다. 단호하고 깨끗한 에녹의 믿음에 토를 달 수는 없었지만, 모두 긴 한숨으로 늦은 시간까지 잠자리에 들지를 못했다.

연합으로 이룬 아담성 완공의 기쁨과 므두셀라의 300세 생일 축하를 위하여 문가의 사람들이 마음이 들떴지만, 몇몇 용사들은 비밀리에 대비하느라 시간을 보내고 있었다. 아무리 완전 무장하고 만약의 사태를 대비한다고 했지만, 달리 뾰족한 수가 없었고, 저쪽 부족의 잔인하고도 거칠게 강함은 만인이 아는 터라, 사뭇 떨며 두려워하는 마음이었다. 모두 조바심 내어 고심한 나날을 보냈지만, 에녹은 어디서 조용한 시간을 보내는지 보이지도 않았다.

"에녹 제사장님을 보았는가?"

"글쎄요… 그러고 보니 며칠 못 봤는데요."

"성산에 올라가 기도하고 있겠지요."

에녹은 무엇을 하는 사람인가…

무엇을 가진 사람인가? 하나님의 꿈과 뜻만 가슴에 품고 살면서, 거기에만 초점을 맞추고 사는지라 어찌 보면 참 재수 없는 사람이었다.

"이렇게 위급한 날에 어찌 그리 기도만 하실 수 있는지…"

"같이 한번 올라가 봅시다."

"그럽시다."

오를수록 바람이 시원한 언덕 위에 오르자, 아득한 저 아랫동네의 일이 별거 아닌 것처럼 느껴졌다. 바람 하나만으로 이렇게 행복할 수 있는 장소가 있다는 게, 두 사람은 가벼워진 마음에 경건해졌다. 에녹 곁에 앉으려고 애써 자연스러운 말을 붙이며 다가갔다.

"어허~ 여기가 제일 좋구먼."

"신선이 따로 없네, 그려…"

나란히 앉은 세 사람.

에녹의 시선이 향한 곳으로 사람들도 같이 얼굴을 돌리며 옆에 앉았다.

"저쪽 산 너머가 드골 부족들이 사는 곳이죠?"

"악의 세력이 들끓고 공중 권세 잡은 자들이 마음대로 뒤흔드는 세상이 바로 저곳일세."

"저들의 우선순위는 무엇일까요?"

"저들이 택한 향락이지… 이미 하나님과의 수직 관계가 완전히 금이 가서 어긋나고 있지만, 타락하고도 전혀 아무렇지도 않게 생각하는 것이 저들의 악인 것이지."

따끔한 가시로 대답을 들은 저들도 찔린 기분은 들었지만, 에녹의 영성에 빠져드는 시간이었다.

"우리라고 깨끗한 사람들은 아니지만, 누구라도 저곳에 머무르다 보면 젖어 버리고 동화되지 않겠나?"

"나쁜 사람들과 살다 보면 동화된다?"

"하나님을 아는 것에 집중하지 못하고 하나님과의 관계가 어려우면 악을 이길 힘이 없어지고 바로 죄의 물살에 젖어 버리지 않겠나?"

"그렇지요, 무슨 힘으로 이겨 내고 극복할 수 있겠어요?"

"몸에 묻은 더러움은 씻으면 되지만, 영혼의 더러움은 어떻게 정결함을 얻을 수 있을까요?"

야비쉬가 에녹 쪽으로 고개를 돌려 눈을 가늘게 뜨며 물었다.

"부끄러움을 영광으로 삼고 대놓고 대적하는 사악한 무리로 전락한 저들에게, 진리는 한낱 하루 사냥거리보다 못하다고 생각하지. 결국은 어떻

게 진리를 받아들이느냐에 달렸지 않겠나? 그 진리를 거부하니 깨끗하게
치료할 능력을 상실하는 거지."

"진리는 무엇이란 말입니까?"

야비쉬가 더욱 진지한 눈빛으로 질문을 던졌다.

"하나님 자신이 진리이고, 그분의 말씀이 진리가 아니겠는가?

그 말씀을 거부한다는 건 하나님을 부인하는 것이고, 하나님으로부터
정결함을 얻을 기회를 얻지 못하는 거지."

에녹이 뜸을 들이며 천천히 힘을 주며 말했다.

"결국은 홍수로 말미암아 우리 모두 물에 빠지고 잠길 걸세."

에녹은 꿈에서 보았던 사람들의 절규를 듣는 듯 눈을 지그시 감아 버렸
다. 역리로 행하는 것을 당연하다고 여기고 즐기는 저들. 눈과 귀, 저들의
마음을 노출하자 거침없이 몸까지 드러내고, 죄를 사랑하고 죄와 동일시
되어 버린 너무나 노출된 세계. 매일 18세 이상 영화 찍는 곳인 것을 저들
도 잘 알고는 있었다.

"멸망으로밖에 씻을 수 없는 처지인 저들을 보니 시커먼 먹구름이 꽉 낀
것 같은데요?"

"언제 그런 재앙이 내릴까요?"

"여보게, 자네가 죽는 날이 이 세상 마지막 날이고 우리가 죽는 날이 종
말이 아니겠는가?"

"하하하 그렇지요. 암요"

"하나님께서 예언하신 진짜 종말의 날은 아무도 모르지…… 하나님의
말씀이 진리로 결국이 날 것이야."

"그럼 하나님께서는 왜 사람들을 멸하려고 하실까요?

물론 세상이 너무나 악하고 죄악으로 가득 찼지만요…" 하며 말끝을 흐리며 기대 없이 질문을 던졌다.

"우리가 하나님을 생각지 않고 각자의 생각대로 사는 불법의 세상이니 우리를 때려서라도 하나님을 하나님이신 줄 알게 하려고 하는 것이 아니겠는가?"

"하나님을 하나님으로 알게 하심이라… 음…"

"하나님을 하나님으로 인정하는 삶이야말로 진리 안에 있고, 하나님 안에서 거룩해질 수 있는 유일한 길이지."

주고받는 대화로 저들의 영적인 속사람이 강건해지는 느낌을 받았다.

어쩌면 저렇게 확신에 찬 말씀으로 충만한지 에녹의 삶을 신기해했고, 하나님을 믿는다고 하면서도 확신 없는 삶을 허우적거리는 사람들이 신기하게 보이는, 서로서로 신기하게 보는 시간이었다.

"이제 아담성 완공식이 며칠 남지 않았네요…"

"그렇구먼."

에녹을 데리러 올라 온 사람들도 에녹과 같은 영성에 빠져서, 죄악에 빠진 세상 사람들을 위한 걱정과 기도하는 마음으로 나란히 하나님께 마음을 조아리고 있었다.

하나님의 대반전

부족을 대표하는 각각의 깃발들이 여기저기 바람에 나부끼고, 몸을 절로 움직이게 하는 타악기의 리듬이 요란하여, 광장은 벌써 정신이 없었다. 각 네 개문의 대표로 서열을 맞춰 줄을 서서, 아담성의 개관식이 얼마나 대단할지 기대가 되게 하며, 이방인들의 구경꾼들과 물건과 음식을 파는 사람들도 자리를 펴고 한 몫 벌려고 기다리고 있었다.

아담의 향연 숫자 930 숫자를 아담성 입구 대들보에 불로 지져서 새길 때, "찌직~" 불에 그슬리는 소리와 냄새에, 모두 환호성을 지르며 아담! 아담! 하며 최초로 하나님께로 부여받은 이름을 외쳤다.

아담은 떠났지만, 그 이름을 후대에 남기고, 그 향연 숫자를 기뻐하는 후손들이 아담성까지 건축한 것은, 가인의 에녹성 영향이 컸음을 아무도 부인하지 않았지만, 특별한 아담성 개문에 가인의 족속을 초대하지는 않았다.

멀리 다른 부족들의 작은집들 위로, 아담 성곽이 보이는 언덕 위에서, 저마다 아담성의 건축에 감탄하면서 질세라 한마디씩 건넸다.

"우리가 맡았던 구역이 제일 든든하게 보이는구먼."

"뭔 소리를 그렇게 섭섭하게 한 데야?"

"우린 어떻고? 야무진 빨간 흙에다가 짚을 일일이 넣어서 얼마나 단단하게 만들었는데…"

"내 손 좀 봐… 아담성에 굳은살이 베인 손이여~ 하하!"

그들의 자랑과 역사한 지난 시간의 회포가 끝이 없었다. 다른 족속들의 사람들도 벽을 만져보면서 감탄하는 시간이었다.

"근데 오늘은 또 므두셀라의 300세 회갑이라… 경사 났구먼."

아담성 완공식과 므두셀라의 회갑 잔치를 연다고 했지만, 사실은 무너진 마음의 제단을 다시 쌓고 예배를 회복하는 자리를 만들려는 에녹의 은밀한 계획이 있었다.

위험하다고 말리는 사람들이 많았지만, 에녹의 고집에 꺾여서, 보이지 않게 무기를 감추고 옷으로 덮은 무장된 장정들이 눈여겨 살펴보고 있었다.

300년 회갑 잔치를 빌미로 역전의 용사들이 다시 뭉쳤고 축하객들로 자리가 채워졌지만, 사실은 축하객들이 아니라 거의 구경꾼들이었다.

믿음의 가문 안에서도 동성혼을 내쫓는 일은 고사하고, 오히려 내분을 걱정해야 할 판이었다. 〈정결〉과 〈거룩〉이란 단어가 희귀해졌고, 축하객 중엔 이미 상당수의 사람이 이방인들과 결혼하여 떳떳한 그들만의 사회가 조성되고 있었다.

그런 와중에 야렛 형제는 혼자 계속 두리번거리며 수상한 사람은 없는지 확인하고 확인하는 눈치였다.

"그만두게…"

에녹이 야렛의 등을 두드리며 말렸다.

저들의 결혼을 안타깝게 여기고, 잘못된 것임을 외치는 것조차 고리타분하게 생각하는 사람들이 있었지만, 제사장 에녹은 전례에 따라, 어린양을 잡아서 그 피를 뿌리고, 그 기름으로 제단에서 태움으로 아담성 개문의 시작을 알렸다.

잔치가 아니라 터지는 속을 달래며, 아담성의 건축 축하 인사 겸 설교를 므두셀라 아버지인 에녹이 주관했다.

　암살자가 있다는 제보를 접하고도, 진리의 싸움이요 영적 싸움에 목숨을 건 에녹의 믿음은 얼마나 소중한가!

　두려움이 것이 없는 그에게, 가장 두려운 것은, 하나님을 전혀 두려워하지 않는 부족들을 향한 슬픔을 그들이 전혀 개의치 않는 것이었다.

　"여러분! 아담성을 위해서 수고하신 모든 역사는, 우리 야훼 하나님께서 축복으로 갚으실 것을 믿습니다."

　에녹의 눈길이 나무 그늘에 있는 얄궂은 복장이 의미하는, 하나님의 영이 떠난 자들을 주시하다, 울컥 울화가 넘쳐서 사람들에게 또 그침 없이 경고를 던졌다.

　"우리가 아무리 성을 견고하게 쌓는다 해도, 믿음의 성을 쌓지 않으면 모든 것이 물거품이 됩니다. 제발 회개하십시오.

　가인의 길에 행하였으며, 영과 몸을 버려 어그러진 길로 몰려갔으며, 문란한 패역을 좇아 기탄없이 죄를 먹고 마시니, 바로 여러분이 암초 덩어리요!"

　'암초'라는 말에 부르르 떠는 자도 있었고, 혀를 차는 자들도 있었다.

　"아니, 오늘 같은 날, 저렇게 꼭 찍어서 말을 해야 해?"

　바람에 불려가는 물 없는 구름이요, 죽고 또 죽어 뿌리까지 뽑힌 열매 없는 가을 나무요. 자기의 수치의 거품을 뿜는 바다의 거친 물결이요, 영원히 준비된 캄캄한 흑암에 돌아갈 유리하는 별들이라고 했던가.

잔치에 참석한 사람들이 설교를 듣다가 어이가 없다는 듯 마음이 찌그러지고 있는데, 갑자기 큰 진동과 함께 괴성이 들렸다.

전시 모자와 무기로 완전 무장한 무리가, 말을 탄 채로 먼지를 퍽퍽 일으키면서, 열려 있는 아담성 문을 과감하게 지나서 무도회 마당 가운데까지 단번에 들어 온 것이 아닌가.

위험을 알려 주었던 두 여인의 말대로, 염려하고 조마조마했던 불안함이 그대로 현실로 나타난 것이다.

에녹은 섬뜩 잠시 놀랐지만, 멈추지 않고 계속 말씀을 선포했다.

거룩한 의의 부담감에, 건강하지 않은 화를 앞뒤 없이 쏟았다.

"비록 단 한 사람이 남는다 해도, 하나님은 그의 중심을 보시고 그 예배를 기뻐 받으시고, 그 한 사람을 위하여 지구를 움직이고, 우주를 운행하실 것입니다.

죄의 누룩이 세포마다 가라앉아 붙어 있다가, 반죽 그릇이 넘치고, 정욕에 무릎 꿇고 향락에 굶주린 이들에게, 더 이상의 진주를 갈아 줄 수는 없습니다. 돌아서시오!"

그때, 맨 앞장서서 지휘하던 장수가 요란한 쇠 소리를 내며 칼을 빼 들었다. 모두가 알아듣는 방언으로 큰 소리로 외쳤다.

"저자가 바로 에녹이다!"

장수의 살기 넘치는 위협에 두려운 시선과 놀라움에 입이 막혀 버렸다.

"함부로 입을 놀려대며 우리를 개, 돼지보다 못한 죄인 취급하는 자.

저자를 죽여라. ~!"

이미 오래전 〈거룩〉 이라는 단어를 담쌓고 사는, 색욕을 맛본 무리다.

살인을 겁내지 않고 휘두르는 칼로 저들의 자존심을 세울 수 있는 것인가?

믿음의 대 족장을 우습게 본다는 것은, 하나님의 권위를 무시하고, 하나님께 도전장을 내미는 실족한 자의 어리석음이 아닌가?

무지하고 어리석은 자가, 눈을 벌겋게 이글거리며 자기의 죄악을 온 천하에 드러내는 순간이었다. 그리고 에녹을 향하여 긴 칼을 쳐들었다.

햇빛에 반사된 칼은, 번쩍~ 빛이 나고, 사람들은 두려움과 놀람으로 우왕좌왕했다.

"악~~"

자지러지는 여인들의 절규.

그러나 사람들의 진짜 놀란 함성은, 그 칼 때문이 아니었다.

갑자기 쩍~ 하고, 위에서 소리가 남과 동시에 하늘이 갈라졌다. 갈라진 그 틈 사이로 강렬한 빛이 순간적으로 빛의 속도로 내려와, 에녹을 그대로 회오리치듯 휘감은 것이다.

전신에 소름이 그대로 끼쳤다.

"아니 이럴 수가…"

천지가 창조된 이래 이런 사건이 있었는가?

이런 일이 일어날 거라고 누군가 말했던가?

하늘에서 내리친 그 빛은 너무나 강렬하여, 사람들의 눈이 거의 멀 뻔하였다. 팔로 두 손으로 얼굴을 가리고, 소리 지르고 난 뒤에 눈을 열어 보니, 그 빛과 함께 에녹이 갑자기 하늘로 사라진 것이었다.

누군가 소리쳤다.

"에녹이 없어졌다!"

빛과 함께 그대로 하늘로 올라가 버린 것이었다.

뻔히 두 눈 뜨고 보면서도 믿기지 않는 현실.

"아니 이럴 수가?"

므두셀라도, 믿음의 사람들도, 칼을 빼 들고 에녹을 죽이려고 무장한 사람도, 두 눈으로 똑똑히 목격한 현장 앞에서, 두려움에 부들부들 가슴이 떨리고 어안이 벙벙하여 입을 벌렸지만, 혀가 꼬꾸라져 말을 할 수가 없었다.

멍하게 갑자기 시간이 멈춘 듯, 얼음 땡! 게임 속에 갇혀 멈춘 시간.

무한의 삶을 품고 살았던 그가, 영원의 세계로 넘어가 버린 찰나.

위급한 상황에서 겨우 에녹을 구출한 정도의 하나님이셨던가? 아니셨다. 믿지 않는 족속들까지 죄다 불러들여 만인이 보는 앞에서, 하나님의 역사를 확실히 보여 주시기를 계획하신 것은 무슨 뜻일까?

누군가 꾸민 일이 아니라는, 확실한 증거를 내미신 하나님의 진정한 의도는 무엇이었을까?

인류의 새로운 역사의 한 획을 긋는 사건을, 하나님께서 직접 연출하시고 개입하신 연유는 무엇인가?

아담의 불순종으로 인해 인간에게 죽음을 선포하신 하나님께서, 반전을 일으키신 진짜 까닭은 무엇일까?

홍수의 예고편이라도 보여 주서서, 사람들의 마음을 돌이키고 싶으셨던 것은 아닐까?

땅 위의 그 어떤 힘을 다하여도, 그 어떤 지혜를 다 모아도, 얻을 수 없는 제한된 사람의 영역.

단순한 한 가닥 하나님의 역량!

보이지 않는 하나님과 사람 사이의 베일이 벗겨져 에녹의 승천으로 뚜렷이 드러났다.

무지 속에 갇혔던 영계를 드러내어 땅으로 임한 하나님을, 육신의 눈으로 확실하게 본 것이었다.

열매로 그 사람을 알지니…… 그 중심에 하나님의 사랑과 교제로 충만한 삶을 이어 왔기에 오늘 그 현실로 뚜렷이 나타난 것이었다.

칼을 든 손이 힘없이 내려오고, 다리가 후들거려 비틀거리며 하늘을 올려다보는 적장.

저들이 그렇게 우습게 여기고 무시했던 에녹의 삶과 교훈들.

하나님께선 하나님과 동행한 자의 이름다운 결말을 보여 주었지만, 안타깝게도 어리석은 자들의 결말은 여전히 어리석은 결단을 내렸다.

"에잇~, 하나님인지 뭔지 그렇게 비겁하게 데려가시다니… 죽였어야 했었는데!"

가슴이 쿵쿵 두려움으로 떨며 마음이 내려앉으면서도, 엉뚱한 말을 내뱉었다.

"기분 나빠. 그냥 가자!"

그렇게 말발굽의 힘 있는 자취들은 먼지만 잔뜩 일으켰고, 왔던 길로 황급히 도망치듯 사라져 버렸다.

12

남은 자들의 부담

갑작스런 에녹의 휴거에 마음 놀란 사람이 어디 적장뿐이었겠는가?

진짜 놀란 사람은 므두셀라였다.

그렇게 고고한 인생을 걷다 간 아버지 에녹.

죄악된 세상에서 하나님과 동행함이 얼마나 위대한지는 알고 있었지만, 이렇게 우리를 내버려 두고 그냥 올라가 버리시면 남은 자들의 갈 길은 어디란 말인가? 어디로 가야 제대로 된 미래의 길이란 말인가? 놀라움과 허탈에 힘이 빠지면서 두려움도 엄습했다.

어떤 해결책을 요구하듯, 사람들의 시선이 므두셀라와 라멕에게 쏠렸다.

인간의 죄로 말미암아 죽음을 지나야 하고, 수고와 고난의 땀으로 저주하신 하나님께서, 죽음을 보지 않고 데려가신 현장 앞에서 큰 쇼크를 입고 떨고 있었다. 언제 재앙과 죽음 앞에 서야 할지 기다리고 있던 사람들이었기에, 그의 승천은 하나님에 대한 새로운 영의 세계를 열게 되었다.

죄를 지은 인간이지만 그를 찾는 자를 만나 주시고, 가까이하는 자는 친구가 되어주시고, 죽음을 거치지 않고도 데려가신 사실에, 하나님의 보이지 않는 다른 은혜에 모두 깊이 묵상하게 되었다.

그렇게 답답하고 경히 보였던 예배와 기도가, 이렇게 영겁으로 갈라놓을 수 있단 말인가? 생명과 죽음의 세계 외에, 또 다른 고차원의 경험 앞에, 남은 자는 심판 받은 기분이고 희망이 사라진 불안함 속에, 므두셀라는 자신도 모르게 일어나 앞으로 닥칠 재난에 대해서 경고하고 있었다.

"나의 형제들이여, 아버지 에녹의 승천한 현장을 여러분들은 다 보았고 바로 중인들입니다.

아버지 에녹은 하나님과 동행했으며, 그의 삶은 하나님 앞에서 우리 인생들을 향한 사랑이었습니다. 그 사랑과 인내, 하나님과의 교제가 휴거로 나타남을 여러분은 아셔야 합니다.

부디 악한 이 세대를 본받지 말고, 여호와 하나님을 잘 섬기시기를 축원합니다."

"야훼 하나님~"

므두셀라가 엎드려서 외치자, 사람들도 같이 엎드려 므두셀라가 외치는 대로 따라서 외쳤다.

"야훼 하나님!"

"우리를 불쌍히 여기소서~"

"우리를 불쌍히 여기소서~"

그러나 아무리 외치고 싸우고 잘라내어도, 죄의 근성의 뿌리는 끈질겼고 그 세력이 대단했다. 그런 놀라운 상황에서도 회개를 택하기보다 말들을 몰고 먼지만 남기고 떠난, 더 강퍅해진 용사들의 목소리가 저들을 더욱 죄악으로 부채질하고 있었다.

어쩌면 그들 자신도 자신을 어쩌지 못하는 못남을 그대로 나타내 보였는지 모른다.

에녹은 므두셀라의 300세 회갑 잔치에서 그렇게 사라져 버린 것이었다.

"에녹이 승천했대!"

"뭐, 승천? 승천이라니?"

"하나님께서 그냥 데려가셨대…"

에녹이 승천했다는 소문이 온 장안을 돌고 돌아, 세상의 화젯거리로 올랐다.

므두셀라로 인하여 대재앙만을 생각했는데 에녹이 승천했다니, 얼마나 큰 하나님의 반전인가!

"승천이라니… 날개도 없는 사람이 어떻게…"

에녹의 가족들보다 하나님을 전혀 모르는 사람들이 더 놀라고 있었다.

"하나님께서 사람을 데려가시다니…"

갑자기 에녹이 어떤 인물이었는지 세간에 의문과 의문에 꼬리가 붙었다.

"그 사람이 늘 하나님과 동행한 사람이었대!"

"뭐? 하나님과 동행?"

"하나님과 동행이라니… 어떻게 하나님께서 사람과 동행할 수 있단 말인가?"

그 궁금점을 풀기 위해 에녹의 집 앞에 적지 않은 무리가 모여 들었다.

"그것 봐 그럴 줄 알았어…"

"아니, 우린 왜 안 데리고 가셨지?"

많은 의문 속에 불안함만 주고받았지만 므두셀라를 남겨놓고 혼자 올라가 버린 에녹에게 물어볼 수가 없었다.

에녹이 하늘로 올라갔으니, 이제 이것이 하나님의 심판이 시작되었다는 신호인가?

에녹의 승천으로 인해서 사람들의 마음에 변화가 일어나기 시작했고, 그 궁금점들을 풀기 위해 사람들이 모여 자연적으로 대부흥의 시간이 잠깐이나마 일어났었다.

아담의 가문에 전혀 관심이 없었던 다른 종족의 사람들이, 진짜 에녹이 승천되었음을 확인하고부터는, 이들을 대하는 태도가 달라졌다.

'하나님은 정말 살아 계시는구나.'

'이 가문은 진심으로 하나님을 섬기는 족속이구나.'

예배 분위기가 달라졌다. 하늘과 땅이 먼 만큼 그렇게 하늘나라는 멀리 있는 줄만 알았는데, 에녹의 승천으로 인해서 사람들은 하늘나라와 하나님의 임재를 더 가까이 느끼기 시작했다.

누가 에녹과 같이 하나님과 동행할 수 있을까?

그것이 저들의 영적 삶의 숙제가 되었다.

그러나 폭풍 같은 사건 아래서도 이렇게 다른 반응을 보인다는 것이 정말 놀라웠다.

하나님께로 돌아올 분명한 흑백이 갈라지는 역사의 시간이 아니었던가?

하늘에서 불이 내려와도 믿지 않는 자들은 여전히 못 믿는 자리를 지키며 계속 저들의 길을 걷고 있었고, 몇몇 사람들만 궁금하여 기웃거렸던 것.

휴거 후… 그게 다였다.

불에서 끌어내어 저희를 보호하사 거침이 없게 하시고, 그 영광 앞에 흠이 없이 즐거움으로 서게 하실 자 하나님께 돌아오는 것을 꿈꾸는 게 자연적인 반응이 아닌가?

오히려 믿음이 있다고 자부하던 자들을 승천하지 못한 못난이로, 조롱과 비웃음이 통쾌하다 못해 야유를 보내고, 죄악의 자리에서 위세 당당하게 다른 길로 걸어가는 사람들. 저들의 실상은 더러움으로 자기를 건축하여, 무너진 삶의 아픈 옷을 걸쳤지만 보지 못하는 자들이었다.

빈번한 소낙비가 있었지만, 그런 약하고 잦은 비에 끄떡도 하지 않는 사람들의 용감함에, 므두셀라는 점점 사람들에 대한 기대와 소망이 허물어지고 있었다.

허탈함에 빠진 므두셀라는, 지난날 회중이 다 같이 모여서 예배드릴 때의 아버지의 힘있던 목소리와 분위기가 가슴이 저리도록 그리웠다. 이제는 노골적으로 예배 방해가 잦아졌고, 얼마 전 마지막 영적 지주인 에노스까지 905세로 떠나간 지금, 그야말로 썰렁한 돌멩이로 전락한 예배처가 쓸쓸하기 그지없었다.

셋의 장례가 벌써 14년이 지났고, 아버지 에녹이 승천한 지 69년이 지났지만, 므두셀라는 예배처를 회복할 힘이 없었다.

점점 사람들의 관심과 마음이 떠나고 텅빈 예배 처소가 꼭 자기 잘못이란 죄책 속에서, 회중 단위로 모였던 예배가 이제는 가족 모임으로 단축되었다.

13

사랑하는 사람과의 이별

모두 두려워서 몸을 도사리며 드러나지 않게 예배를 드렸다. 예배드리는 시간 자체가 드러내고 싶지 않은 두려움이라 각 처소에서 소규모로 야훼 하나님의 이름을 불렀다.

므두셀라는 너무나 맥이 빠졌다.

아버지 에녹처럼 담대히 소리칠 용기는 고사하고, 간신히 자기 몸 다스리기도 쉽지 않은 시대였기 때문이었다.

틈만 나면 므두셀라를 없애야 한다는 소문까지 돌고 있어서 마음 놓고 다닐 수도, 예배 인도하기도 두려워 이제는 숨어 지내야만 하는 시간에 접어들었다.

"여보… 살아 있다는 게 꼭 축복은 아닌 것 같구려."

모든 것을 포기한 듯, 므두셀라의 힘없이 던지는 말에, 러셀은 여전한 생기로 므두셀라의 손을 살며시 잡았다.

"사람은 믿음으로 사는 것이라 확신해요."

러셀이 므두셀라의 두 손을 힘 있게 잡으며 눈에도 더욱 힘을 주어 크게 떠 보였다.

"하나님은 여전히 살아 계시고 약속하신 대로 이루시는 분이시니, 기다리는 믿음으로 보이지 않는 것들을 따라 살아야 하지 않을까요?"

므두셀라가 고개를 들어서 러셀의 야무진 입술을 쳐다보며, 아까보다는 조금 톤이 올라간 목소리로 대답했다.

"당신은 어쩌면 그렇게 믿음이 확실하오?"

"제가요? 믿음의 대가인 당신에게서 그런 칭찬을 들으니 기분이 좋은데요… 호호."

"아니요, 왠지 당신과 대화하면 난 언제나 벌거벗은 사람 같소. 당신의 믿음은 왠지 생기가 있고, 믿음의 걸친 옷이 아름다워 보여요.

힘이 나요… 당신으로 인해서…"

두렵고 어두운 세상이라 두 사람의 대화는 더욱 빛이 나 보였는지 모른다.

그러나, 그 밤에 둘이서 웃으며 나눈 대화가, 영영 마지막이 될 줄을 누가 알았을까.

신비한 안개가 자욱한 아침. 아침부터 기분 좋은 콧노래를 부르며 부지런을 떨더니, 이웃 아녀자들과 나물을 캐 온다며 어울려 나가는 러셀의 뒷모습. 므두셀라가 좋아하는 나물 캐러 집을 나선 그녀였다.

종일 러셀을 기다리면서, 하늘이 너무나 청명하고 맑아 보여서 러셀을 닮았다고 생각했었다.

'참 깨끗한 하늘이네…'

그런 맑은 하늘에 태양이 다 넘어가는 해 질 녘까지 러셀의 소식이 없어서, 웬일인지 불안한 생각의 바람이 휘감겼다.

'아니, 웬일이지?'

겉옷을 집어 들고 집을 나서려던 참에, 저기서 몇 명이 헐레벌떡 오는 것이 분명 므두셀라를 향하여 오고 있었다. 뭔가 불안한 마음을 감출 수 없었는데, 설마 했던 마음이 역시나 갑자기 힘이 다 빠지며 무릎이 내려가는 것이었다.

등에 업혀 온 사람은 바로 러셀이었다.

맛있는 것을 캐 오겠다고 나섰던 그녀가, 축 늘어진 시체가 되어 돌아오다니…

므두셀라에게 힘을 안겨 주고 믿음의 확신과 소망을 주었던 그녀가, 남의 등에 업혀 올 줄은 꿈에도 몰랐다.

"러셀~~~ 일어나 봐… 눈 좀 떠봐……"

아직은 미지근한 그녀의 체온에서 금방이라도 일어날 것 같은 소망으로 흔들어 보았지만, 힘없이 그대로 흔들리는 그녀의 몸뚱어리.

"왜 이렇게 됐어요? 누가 이랬어요?"

부끄러움도 체면도 없이 미친 듯이 소리쳤다. 그 모습은, 보는 이들의 슬픈 동정을 사기에 충분했고, 무슨 위로의 마음을 해야 할지 난감해했으나, 그 어떤 말로 므두셀라에게 위로가 되고 도움이 됐을까?

더군다나 낭떠러지에서 죽을 뻔한 이웃 아낙을 구하다가, 대신 떨어져 죽었다고 했다.

"안돼~~!"

죽음조차도 남을 위해서 기꺼이 그 자리를 대신 맡은 그녀의 헌신에, 므두셀라는 말이 막혀 울음으로 토하고 있었다. 한동안 그렇게 껴안고 울부짖었다.

"러셀~!!"

유일한 말 친구였고, 믿음의 동반자요, 나침반이 되어 준 아름다운 아내가 그렇게 떠나 버렸다.

"안돼!! 아직도 할 말이 얼마나 더 많은데… 러셀~!!

나 혼자 어찌 살라고……"

믿고 의지하고 사랑하는 사람들은 모두 그렇게 떠나갔다.

그것이 그의 운명인가…

사랑하는 아내의 자리가 그렇게 크게 가슴에 자리한 줄을 몰랐다.

쓸쓸한 자리가 그렇게 아픔일 줄 누가 알았을까.

그렇게 청명했던 하늘은, 맑은 그녀를 천국 문으로 맞이하는 환영의 신호였던가…

"아~ 러셀…"

기다림이란 무엇인가?

믿음이 없이는 불가능한 일인가.

불안하고 초조했던 기다림의 시간에 지쳐서, 아니면 삶이 지겨워서 차라리 빨리 그 생명의 끈을 놓고 싶고, 터져서 분산되고 싶은 충동까지 거침없이 일었다.

하나님의 시간대와 사람의 시간이 같이 흐를 수는 없는 것인가? 믿음 안에 시간을 가두지 않는 한, 므두셀라는 고통으로 생명의 끈을 하루하루씩 풀고 있다고 생각했다.

14

손자 노아가 주는 위로

아들 라멕은 펄펄 살아 있어서 다행이라고 생각했지만, 므두셀라는 모든 것을 다 물리고 조용히 지내고 싶었다.

"라멕……"

"네, 아버지!"

공기 빠진 풍선처럼 힘 빠진 슬픈 마음으로 불렀으나, 라멕은 언제나 힘이 있었고 소망이 넘치는 얼굴이었다.

"너는 다행히도 너의 할아버지 에녹의 믿음과 엄마 러셀의 신앙을 고스란히 전수 하였구나.

역시 내 아들……"

그러면서도 야속하게 먼저 떠난 러셀의 미소를 잠깐 떠올리니 더 외롭다고 느껴졌다.

"이제 이 모든 영적 책임과 제사의 제사장 역을 네가 감당하는 게 좋겠다."

"아니, 왜요 아버지?"

삶을 지탱하고 있는 가장 무게 있는 책임을 마다하는 것에 도무지 이해되지 않았지만, 므두셀라는 정말 심각하게 보였다.

"난 어디론가 떠나고 싶구나."

"떠나다니요? 얼마나 위험한 세상인지 모르셔서 그러십니까… 어디로 가신단 말입니까?"

고개를 떨군 므두셀라의 비통한 표정을 이해했지만, 라멕은 달래듯이 애절하게 부탁했다.

"힘을 내십시오. 하나님의 선하신 뜻을 기도하며 기다려야 하지 않겠습니까?"

"그래, 어쩌면 네 말이 옳을지도 모르지… 하지만 난 너무 지친 것 같으니 그냥 떠나도록 내버려 두거라."

"지치다니요… 인내를 가지시고 기다리셔야지요. 사명자에게 필요한 것은 굳건한 확신과 자기 통제력, 인내라고 아버지께서 말씀하시지 않았습니까?"

"그랬지… 진리를 외면하고 견디지 못하는 사람들의 반응보다 나를 쓰시는 하나님의 판단을 더 의식해야 한다고 내가 말했지…"

"그러니까요, 하나님께 초점을 맞추고 인내하셔야지요."

비통한 얼굴로 그동안 혼자 끙끙 앓았던 진심을 아들에게 토했다.

"난 이제 그런 믿음이 없구나."

"아버지… 힘드신 건 알겠는데, 그 믿음을 저 버리시면 안 되잖아요?"

"알고 있지… 그냥 떠날 테니 그리 알거라."

라멕은 더 강권하게 붙잡을 수 없는 불길한 예감을 느꼈지만, 아버지를 붙잡을 묵직한 무게의 건더기 말이 없었다.

"아버지…"

"다만 네 부인을 잘 보살피도록 하거라. 굳건한 믿음의 소유자지만, 연약한 여인임을 잊지 말거라. 혹시 찾을까 봐 너한테만 알리는 것이니, 안 보이면 떠난 줄 알고 있고……"

"아버지~~~."

182세 된 라멕과 그렇게 마지막 인사를 나누었다고 생각하고 누웠지만 밤이 늦도록 잠을 이룰 수가 없었다.

'태생부터 저주받은 인생이었나…?'

'삶 자체가 재앙을 불러오는 재수 없는 인간인가…?'

등에 짊어진 시한폭탄이 언제 터질지 모르는 그 불안함을, 언제나 달고 다닌다는 게 이제는 지긋지긋하게 느껴졌다.

대부 아담이 살아 있었을 때는 그렇게 사랑받는 귀한 존재였고, 아버지 에녹이 살아 있을 때만 해도, 감히 누구 한 사람 우습게 보는 이가 없었는데…. 이제는 천대 꾸러기로 전락한 것 같아서, 도무지 자신을 사랑할 수 없는 아픔에 꺽 꺽 울음이 북받쳤다.

'내 인생에서 하나님의 자리는 어디에 있는지…'

하나님의 계획하심이 내 인생에서 어떤 의미이고, 또 언제 이루어질 것인지.

이제는 미지근하고 희미한 믿음의 생각을 걷고 싶었고, 어디론가 아무도 모르는 산속으로 도망가서 자유로워지고 싶었다.

하나님도 어쩌면 본인의 계획을 완전히 까먹었고, 너무 오래전의 일이라, 어쩌면 변경되어 지워 버리셨는지도 모르는 일일 것이라고, 스스로의 얇은 믿음이 정당하다고 생각했다.

'하나님께서 하나님이 되시려면 어떤 분이셔야 하는가? 말씀하신 예언을 이루실 때 비로소 하나님으로 인정되는 것이 아닌가…'

그렇게 잠을 이루지 못하고 혼자서 주거니 받거니 꺼억대다가, 새벽녘에야 므두셀라는 겨우 잠이 들었다.

새벽 일찌감치 아무도 모르게 떠나려고 생각했었는데, 누군가 문을 급하게 두드릴 때까지 깊이 잠들어 있었다.

"아버지!… 므두셀라!"

"아버지! 문 좀 열어봐요…"

므두셀라는 깜짝 놀라 일어나 앉으며, 도대체 시간이 어떻게 됐는지 감을 잡을 수가 없었다. 문 틈새로 들어오는 눈이 부신 햇살에 이마를 찌푸리며 중얼거렸다.

'아니 벌써 동이 텄구먼….'

"아버지!!"

'분명 라멕의 목소린데, 왜 저리도 급하게 나를 부른단 말인가…'

'누가 나를 해치려고 왔나?'

옷을 채 걸치기도 전에, 나무토막으로 살짝 빗장을 걸어 두었던 고리가 문짝이 흔들리는 바람에 툭 떨어져서, 라멕은 그대로 므두셀라의 침실로 들어섰다.

"아버지!"

흥분된 높은 목소리가 햇살 받은 물보라처럼 밝은색으로 퍼졌다.

"하나님께서 하실 거라 했지요?"

"아니 그게 도대체 무슨 소리냐?"

"하나님께서 수고로이 일하는 우리를 안위하시려고 아들을 보내 주신다고 말씀하셨어요."

"뭐 하나님께서? 누구를?"

"노아에요. 노아!!"

"노아라고? 그럼 이상이라도 보여 주셨단 말인가?"

"네, 지난밤에 하나님께서 말씀하셨어요.

아버지… 이제 짐을 내려놓으셔도 돼요…

드디어 하나님의 역사가 시작되시려나 봐요."

"하나님께서 잊어버리고 계신 것이 아니란 말이지?"

"그럼요."

라멕의 생기 넘치는 목소리에, 므두셀라도 금방 전염이 된 것 같았다.

"그렇담 이 임무를 노아가 이어받는다 이 말인 게지?"

"분명히 그리 말씀하셨어요…"

369세의 므두셀라가 희망의 미소를 지으며 덥석 라멕을 안으니 가라앉아 있었던 설움이 마구 솟아 올라왔다.

"하나님께서 우리를 저버리신 게 아니었어. 에녹이 본 이상이 거짓이 아니었어…

호흐 억!"

비록 샌드위치처럼, 아버지 에녹과 아들 라멕을 통해서 하나님의 뜻을 전해 들었지만, 므두셀라 자신의 삶이 확실하다는 것만으로도 힘이 되었다. 부여받은 삶에 대한 확신이 없어서, 늘 고민하고 불안했던 므두셀라에게, 라멕의 메시지는 그것만으로도 너무 좋아서 기쁨의 눈물을 줄줄 흘러 내리고 있었다. 이 세상 모든 짐을 혼자 짊어졌다고 생각하고, 비통한 마음으로 하루하루를 힘들게 살았던 므두셀라가, 라멕의 꿈과 노아의 출생으로 새 힘을 얻었다.

본인이 죽을 것만 생각하고 심판만 생각했었는데, 심판 가운데서도 하나님의 역사를 이어갈 계획이 있으시다는 것만 들어도 날아갈 듯이 기뻤다.

"하나님… 감사합니다."

나무가 베임을 당하여도 그 그루터기는 남아 있는 것처럼, 하나님께서 완전히 멸망하는 것을 기뻐하지 않으시고 노아를 통하여 하실 계획이 있으시다는 사실에 눈물이 앞을 가렸다.

그렇게 시꺼멓게 구름 낀 듯한 삶에서, 손자 노아를 보면서 새로운 기대가 생겼고, 언제 터질지 모를 폭탄을 몸에 달고 다니는 므두셀라의 짐이, 갑자기 가벼워지면서 하나님의 때를 기다리는 여유가 생겼다.

"이제 아버지는 죽음에서 자유로워지시기 바랍니다."

"난 이미 오래전부터 각오한 사람이야."

죽음을 말하면서도 므두셀라의 주름진 얼굴이 모처럼 웃음으로 꽃을 피웠다.

큰 방주에 달랑 8명이라니

에노스의 장례식이 끝나자, 갑자기 비가 억수로 퍼붓는 나날이 계속되더니 드디어 홍수가 시작되었다.

농사지은 것들이 물에 쓸려 내려가고, 집도 무너져 내리는 가운데, 까맣게 하나님을 잊어버리고 살았던 사람들이 하나님의 이름을 떠올렸고, 또 므두셀라를 기억해 냈다.

에녹이 그렇게 경고했던 그 홍수라고 생각한 사람들이, 전설로만 들었던 므두셀라의 생사를 궁금해하며 찾아오고 물어 오고 난리였다.

므두셀라가 곧 죽을 것이라는 파문이 일었고, 피난까지 하며 물로 인해 고충을 겪을 때, 잠시나마 사람들은 자기를 돌아보며 죽음을 예비하고자 하는 마음을 가졌지만, 그것도 잠시뿐이었다.

햇살이 나타나 언제 그랬냐는 듯이 비는 자취를 감추고, 땅이 마르기도 전에 또다시 사람들은 일상에 젖어서 태연한 삶으로 돌아간 것이었다.

므두셀라도 조금은 허탈한 기분이었다. 죽음을 예상하고 조금은 담담한 마음으로 준비했지만, 다시 나타난 햇살의 강렬함에, 안도감보다는 씁쓸한 마음으로 사람들을 생각했다.

마음 중심에서 찾는 하나님의 이름이 아니고, 위기를 극복하는 데 쓰는 주문 정도로 이해하는 것 같아서, 아버지 에녹의 심정으로 기도하게 되었다.

"하나님…… 저들을 불쌍히 여기시옵소서."

철저한 신본주의로 살아간 아버지의 발자국을 존경하며, 그 믿음을 부러워했지만, 그렇게 담대하게 사람들에게 나서서 바른 진리를 외치기에는 역부족인 믿음임을 깨닫고선, 스스로 허탈에 젖어 있었다. 시대가 점점 험악하여 믿음을 저버린 사람들이 정상으로 보여지고 있는 시대.

횅한 바람이 싸늘한 가슴은, 언제나 아들 라멕을 통하여 가느다란 위로를 얻었다.

이 죄의 광란은 거침없이 온 세상을 쓸고 있어서, 세월이 흐르는 것만큼 점점 그 굵기를 더해가고, 외롭게 붙들고 있는 믿음은 점점 얇아지고 있었다.

4대 게난 대부의 죽음을 지나, 므두셀라의 600세 회갑 후, 5대 마할랄렐 대부의 장례까지 치르고 나니, 그렇게 예배가 삶이었던 자들은 떠나가고, 노아를 통해서 일하실 하나님을 기다리는 것조차 점점 아득한 옛날의 이야기로 변해가고 있었다.

하나님 앞에 엎드리는 자는 이제 아담 가문의 몇 명 뿐인 것이다.

세상에서 제일 무서운 일은 하나님의 침묵이던가? 말씀이 없는 것만큼 답답한 일이 또 있을까? 침묵속에서도 하나님께서는 무엇인가 준비하며 기다리고 계신 것일까?

눈먼 자와 같이 어디로 가야 하는지 어떻게 해야 하는지 깜깜하기만 한 희망 없는 세상에서, 오로지 노아는 철저한 예배자로 하나님과의 관계를 완전하게 이어가고 있었다. 세상이 아닌 하나님께 눈을 맞추고 마음을 맞춘 그의 믿음.

보이지 않는 하나님과 동행할 수 있었던 그의 믿음은 무엇이었을까?

하나님을 찾지 않는 시대에 홀로 엎드릴 수 있었던 믿음은, 그가 온전히 하나님의 말씀을 믿었고 그를 통해 하나님께서 이루실 약속을 붙잡았기에 하나님과 동행할 수 있었지 않았을까?

"어찌 이럴 수가 있단 말인가?"

"아버지, 사람들이 저리도 그침 없이 악해지니 하나님의 심판이 얼마 남지 않은 것 같지 않습니까?"

"안타깝지만 그런 것 같지?…"

"그런데 노아가 결혼해야 하지 않을까요?"

"결혼? 곧 닥칠 재앙인데 결혼은 뭣 하러?"

므두셀라가 갑자기 뭔가 생각난 듯, 진지한 눈빛을 보였다.

"왜 그러십니까?"

"아버지께서 말씀하셨는데, 노아와 가족들이 있었다고 하셨어. 이상에서 본 바로는 큰 물결 위에 방주가 홀로 떠다녔는데, 손자와 증손자들이 타고 있었고, 그들을 세어 보니 아들 셋, 딸 셋이라고 하셨어."

"아들 셋, 딸 셋? 혹시 아들 셋에다가 며느리 셋이 아닐까요? 그래야 인류가 망해도 사람 번식에 차질이 없을 것인데?"

"그래, 맞아. 아들 셋, 며느리 셋."

므두셀라는 감격스럽게 아버지 에녹의 이상을 떠 올리며, 서둘러 노아의 결혼을 준비하기로 했다.

오직 약속만을 붙들고 특별한 사명자로 살아가야 한다고 생각했던 노아에게, 결혼이라는 이름다운 날을 허락받으니 친척들까지 놀라는 눈치였다.

"그럼 그럼… 노아라고 별수 있겠어?"

"그럼 결혼해야지."

노아가 늦은 380세에 결혼했지만, 긴 세월이 지나도록 기다리는 아기를 얻지를 못했다.

"혹시 그 이상이 잘못된 것이 아닐까요? 8명이라고 하셨는데…"

"손자와 증손자라… 에녹의 손자면 노아이고, 증손자들이면 노아의 자녀들인데… 아들 셋을 주셔야 하는데……"

그렇게 목 놓아 노아의 자녀들을 기다리는 사람들이 있었다.

도대체 하나님의 역사는 언제 시작된단 말인가? 자녀들 없이 기다리는 노아와, 그렇게 노아만 바라보는 므두셀라는 겉가죽이 말라비틀어지는 것 같았다. 인간에게 부여받은 생명의 한계를 넘고 넘어, 인내의 최고치를 찍고도 훨씬 지나, 다 내려놓고 하늘의 처분만 기다리는 사람들. 하늘에서는 세상의 악행이 100% 차기를 기다리시는 것일까?

말라비틀어진 들판에서도 풍성한 과목을 키우시는 하나님은 죽은 고목에서도 새 생명을 돋우셨다.

사막 한가운데서도 생명을 일으켜서 사막의 꽃을 피우시는 창조주께서, 므두셀라가 839세 되고 라멕이 652세 되었을 때, 손자 노아의 태임 소식을 들은 것이다.

502세에 노아가 아들 셈을 낳은 것이었다.

"경사 났네! 경사 났어."

인류의 종말이 다가옴을 기뻐한 것이 아니라, 하나님께서 일하고 계심을 감격스럽게 찬양했다.

태풍이 휘몰아 친다고, 하늘 위의 태양이 없는 것이 아닌 것처럼, 하나님께서는 여전히 보고 계셨고 그의 시간표대로 다스리심을 느꼈다는 게 감사였다.

그리고 세 아들을 얻었다.

"역시, 하나님께는 불가능이라는 게 없어."

"하나님의 시간표를 우리 인간이 어찌 가늠할 수 있을까요?"

저마다 기뻐서 하루속히 일이 이루어지기를 기다리고 있었다.

"와~ 이제 모든 것이 준비된 것이 아닙니까?"

"노아와 아내. 그리고 세 아들."

"아닐세. 며느리들, 저들의 아내를 얻어야지."

외롭게 하늘의 주파수에 초점을 맞춘 가족들에게, 숫자를 맞추어야 하는 노아는 식구 8명이 되는 평범하고도 범상치 않은 기적에 감사하며 놀라워하고 있었다.

"모든 것이 완벽하게 준비되었네요."

"하나님께서 이제 일 하시겠지……"

므두셀라, 969 마지막 시계 소리

죄와 싸우고 침묵과 싸우는 죽음보다 괴로운 시간에, 인간은 지겨워서 포기하고픈 그 시간에, 드디어 하나님께서 노아에게 어마어마한 임무를 내리셨다.

"방주를 짓거라~"

하나님께서 결단하신 인류의 멸망을 대비하기 위하여 먼저 방주를 예비하라고 명을 주셨다.

모든 재료와 크기와 높이, 넓이와 모양, 자세한 설계도까지 친절하게 보이시며 노아에게 방주를 지으라고 부탁하신 하나님.

하나님의 목소리로 사는 사람.

외로이 예배드림이 최고의 목적인 사람에게 내려진 큰 임무.

하나님께서 사람에게 부탁도 하시는 것을 노아는 기쁘게 받아들였다.

가슴 뛰는 엄청난 소식을 듣고서 노아는 바로 할아버지 므두셀라를 급하게 찾았다.

어쩌면 세상에서 노아의 놀라운 비전을 이해하고 나눌 사람은, 할아버지 므두셀라와 아버지 라멕밖에 없을 것이다.

힘없이 누워 있는 므두셀라에게 노아는 반짝거리는 눈빛과 흥분 가득한 목소리로 하나님의 지시를 보물을 꺼내듯이 조심히 나눴다.

"할아버지… 드디어 홍수를 대비하라고 말씀해 주셨어요."

몸이 저절로 벌떡 일어나 앉게 되는 므두셀라.

"그래? 어떻게?"

"방주를 지으라고 하셨어요."

므두셀라는 노아보다 더 심각하게 받아들였다.

"방주… 역시."

"그런데 그 크기가 얼마나 큰지 감당할 수 있을지 모르겠네요."

3층을 본 일이 있었던가?… 손으로 층층이 손짓하며 그 크기의 웅장함을 표현했다.

"지시하신 분이 하나님이신데 감당할 모든 지혜와 재료와 힘을 넉넉히 주시겠지……"

"그러시겠죠!"

확실한 멸망의 신호탄이 떨어져서 침울해야 할 므두셀라가, 오히려 힘을 얻어 노아의 임무에 힘이 되고자 했다.

노아는 아들들에게 모든 연장들을 준비하라고 했다.

이제 삶의 목표는 확실히 정해졌다.

정확한 방향을 정한 인생은 얼마나 멋진 인생인가.

세상의 가치에서 볼 때는 비록 그것이 너무나 비현실적이고, 비정상적이라고 해도, 고귀한 뜻에 삶을 불태울 수 있는 것보다 더 귀한 것도 없으리라.

방주를 짓는 일에 전념하는 것.

세상의 이해를 요구하거나, 이해를 시키거나, 도움을 청할 일은 없을 것이다. 어차피 미친 짓으로 볼 것이기 때문이다.

그것도 노아가 530세가 훨씬 넘은 나이에… 가족들까지 제대로 간염 되어 세트로 미쳤다고 할 것이다.

옆에서 바라보는 므두셀라는 899세가 지났고, 라멕도 벌써 712세가 넘었다. 노아가 방주를 짓기 위해 준비하는 일부터 은밀히 진행되었지만, 갑작스러운 노아 가족들의 행동들이 사람들에게 금방 말거리가 되고 소문이 나돌기 시작했다.

"미친놈들인가 봐."

"아직도 예배드린다지 아마?"

"쯧쯧…"

사람들은 완벽히 실성한 가문이라 생각하며, 하나님의 존재조차도 저버리고 너무나 쉽게 돌아서 버렸다.

노아의 가족들은 연장을 있는 대로 다 구해야 했고, 없는 연장들을 만들어야 했으며 하나님께서 지시하신 재목을 구하기 위해서 들로 산으로 다니기 시작했다. 지시하신 분은 하나님이셨지만 그것을 이루기 위하여 흘리는 땀은 그들의 몫이었다.

하나님을 믿고 의지하는 자에겐 결코 작은 것도 우연이라는 단어가 없다고 했었던가… 하나님께서 준비하셨구나~ 라며 늘 고백할 수밖에 없는 환경과 재료와 재목들을 보게 하셨고 만나게 하셨다.

"야…이건 누가 꼭 줄 맞춰서 심어 놓은 것 같지 않아요?"

"세상에~~"

큰 숲속에 질서정연하게 보기 좋게 줄 맞춰 자라난 엄청난 잣나무를 보면서 감탄하고 있는데, 또한 기가 막힌 지혜가 번뜩번뜩 떠오르기 시작했다.

"바로 이거야…"

잣나무를 별로 베지 않고도 그대로 나무와 나무를 연결하여 지어 나가는 일을 하기 위해 나무 사이에다 거할 처소를 만들기 시작했다.

"더 높여야 해요. 습도도 높고, 뱀도 많고 맹수도 가만두지 않을 거예요."

"와~ 그래도 이렇게 재목만 얻어도 일이 절반은 해결된 것 같아요."

방주를 위한 작업은 어마어마한 미션이었지만, 멈추지 않고 계속 진행된다는 것은 결코 쉬운 일이 아니었다. 가족마다 손이 거칠게 다 까였고 어깨가 내려앉는 근육통이 가시질 않았다. 그러나 엄청난 지혜가 필요했고 인내가 필요한 순간마다 붙드시는 하나님의 임재를 느낄 수 있었다.

믿음이 이론이 아니라 실제 삶에서 인도해 나가시는 시간은 얼마나 감사하고 신나는 일인가? 외로움의 연속인 그 시간 속에서도, 처음으로 겪어야 하고 풀어야 하는 현장 속에서도 일하고 계시는 하나님을 늘 만나고 있었다.

그렇게 쉽지 않은 임무를 꼭 붙잡고 나아 갈 수 있도록 므두셀라와 라멕의 지원과 영적 도움이 컸으며, 믿음으로 뭉친 가족 공동체의 힘이었다.

확실한 믿음은 얼마나 마음을 뜨겁게 하는가? 하나님의 뜻에 쓰임 받는 인생은 얼마나 가슴이 뛰는가?

"탕! 탕!"

세월의 흐름 속에도 멈추지 않는 망치 소리.

망치 소리가 하나님께서 저들을 부르시는 목소리임을 누가 깨달을 수 있을까?

"탕! 탕!"

반세기가 넘는 기간 동안 쉬지 않고 두드렸던 망치 소리.

톱질 소리.

하나님께서 방주를 짓는 시간 내내 얼마나 기다렸을까…

누구 한 사람 그 소리에 귀 기울이거나 감동되는 사람이 없었다.

므두셀라와 노아 가족들이 한 세트로 조롱받는 긴 시간 동안, 하나님의 방주 임무는 수십 년을 밀고 당기며 사람들을 향한 기대와 실망으로 가족들을 아프게 했었다.

행여 한 사람이라도 돌아오지 않을까 하는 부질없는 기대. 길고도 먼 부르심과 거절… 반복되고 반복된 슬픈 기간 동안 그들은 인간 사회와는 저절로 단절되었다.

인간에게 거는 기대가 이리 어리석게 결론이 난단 말인가?

더 이상 이들에게서 돌이킬 소망이 없단 말인가?

방주는 이렇게나 큰데 어떻게 사람들을 다 모을 수가 있단 말인가?

힘이 나다가도 힘이 빠지는 현실에 한숨 섞인 임무는 계속되고 있었다.

정신적으로 영적으로 큰 힘이 되었던 777세의 라멕은, 거의 완성된 방주를 보면서 아버지 므두셀라의 손을 꼭 잡고 웃으면서 므두셀라보다 먼저 세상을 떠나고 말았다.

"라멕… 너마저…"

제일 의지가 되었던 라멕마저 떠나 버리자, 방주를 마무리하는 노아의 마음과 므두셀라의 심중이 점점 비통해지며 힘이 빠졌다.

아무리 존재 이유를 이름에 달고, 그 임무를 등에 업고 달려왔지만, 어디에고 마음 둘 곳이 없이 공허해지는 마음에, 그만 병이 나서 드러누워 버렸다.

므두셀라의 생명이 964년을 넘기도록, 멸망을 목표로 한 삶을 달려온 게, 꿈만 같았다.

방주는 어마어마하게 거의 완성이 되었지만, 라멕을 보낸 므두셀라의 마음은 찢어지는 가슴이었다. 방주가 끝날 때까지도 사람들의 마음이 그렇게 딱딱하고 불신한다는 게 믿어지지 않았다.

멸망하는 것이 하나님의 최종 뜻이었을까?

모두 다 쓸어버리시는 것이 정말 그분의 마음일까?

이렇게 긴긴 삶을 허락하시기까지 심판을 늦추시는 이유는 무엇일까?

하나님 앞에 엎드린 므두셀라가 하염없는 눈물을 흘리고 있었다.

저들의 오만함과 더러움을 씻을 수 있고 돌이킬 수만 있다면… 죄악의 자리에 앉아 있는 자들을 부를 수만 있다면…

지금이라도 늦지 않았으니, 회개의 재를 뒤집어쓰고 겸허히 무릎 꿇게 할 수만 있다면…

그렇게 오래 참고 기다리신 것은 한 가닥 인간을 향한 하나님의 기대와 사랑이었다는 게 너무나 가슴이 아팠다.

하나님의 사랑을 철저히 배반한 인간들의 모습에, 홀로 아파하실 하나님의 외면당한 사랑이 눈물이 되어, 펑펑 쏟아졌다.

"하나님 예전엔 몰랐어요. 내 삶이 저주스러워서 싫었고, 나 땜에 재앙이 내리는 게 아닌가 원망뿐이었는데, 이깟 목숨 하나 데려가는 것이 서러운 것이 아니라… 당신의 사랑이 너무나 외로워 보여서…… 우리를 향한 하나님의 인내와 뜨거운 그 사랑이 너무나 아파서…… 그 사랑이 슬퍼서……"

"흑 흑 흑 억…"

므두셀라는 긴긴 세월 기다린 삶 속에서, 오랫동안 인내하신 하나님의 애틋한 사랑을 읽어 내곤 그렇게 혼자서 울고 울었다.

"하나님… 이제 그만 하세요. 그 사랑을 이제 접으세요. 그만 기다리시고 끝내세요. 흑흑흑…"

고통과 아픔을 통해서 하나님을 이해하는 마음을 얻어, 더 깊은 영적인 믿음의 언어로 가까이 나아가는 축복의 시간이 되어, 그의 임무가 끝날 무렵에서야 하나님의 마음을 느끼며 진정한 엎드림으로 기도를 올렸다.

보이는 것들을 따라 사는 것은 죽을 것을 따라 사는 것이고, 보이지 않는 것을 따라 사는 것은, 썩지 않을 것을 따라 사는 것임을 깨달았지만, 모두가 보이는 것에 미쳐버린 세상으로 돌아선 사람들.

휘청거리는 시체 같은 좀비의 발걸음으로 나섰다. 목소리도 겨우 새어 나오는 소리로 사람들을 붙잡았다.

"여보세요… 하나님 앞으로 돌아오세요. 하나님은 당신을 사랑하십니다."

"아니 누구여?"

"누구긴… 거 미친 므두셀라!"

"아~ 허망한 꿈에 미친 그 노망자~"

"나는 미친 것이 아니에요."

"쯧쯧…

인간이 나이가 들면 빨리 가야 하는데 저렇게…"

"예수아 하나님께로~~!! 예수아 하나님께로!!!"

사람들은 므두셀라가 심한 노망이 들었고, 너무 오래 신화를 붙들고 살아온 므두셀라의 삶을, 불쌍히 여기기까지 했다.

"쯧쯧… 아직도 하나님을 찾는 사람이 있다니…"

제 가느다란 숨을 내쉬는 므두셀라는 슬픈 눈물에 젖어, 거의 실성할 지경이었다.

온 생애를 지나오며, 단 한 명도 돌이키지 못한 삶이 너무나 통탄이 되고 자신이 원망스러워, 생명을 지탱하는 자신이 얼마나 부끄러운지,

자기가 죽어도 좋으니 제발 이 악한 세상을 벌하시기를 원하고 있었다.

하나님께서 숨을 더 허락하신다고 해도, 므두셀라 자신이 거절하고 싶을 만큼 영적으로 지쳐 있었고, 거동하기를 힘들어했다.

하나님의 마음을 대변하듯… 므두셀라는 노아를 격려하며 위로했다.

"노아야… 이제 이 땅에서 믿음을 가진 자는 너밖에 없구나. 오직 자네뿐이야."

"그러게요…"

"그래, 방주는 마무리가 다 되었는가?"

마무리를 거의 끝낸 노아가, 다른 임무를 받아들고 허겁지겁 므두셀라를 마지막으로 찾은 것이다.

"그렇게 어마하게 크게 지으라고 하셔서 사람들을 많이 태우실 줄 알았는데…"

"알았는데…?"

"동물들을 태우라고 하시네요."

"동물들을?…"

므두셀라는 사실 아무리 둘러보아도 태울 자가 없다는 사실을 부인할 수 없음에 기가 막혔다.

"그렇군.

이제 사람들은 포기하셨군.

남은 자들을 위한 준비를 하시려나 보네.

순종하게."

"네."

들릴 듯 말 듯 가느다란 므두셀라의 목소리엔, 모든 임무를 완수한 군인의 경례처럼, 엄숙하면서도 당당함이 적셔 있었다.

"어서 들어가게. 그런데 그렇게 큰 배에 문이 하나뿐이라니 놀랍군."

"하나님의 지시니 따라야지요."

"구원 방주에 들어가는 문이 하나라…"

내가 문이니 말씀하신 예수님을 나타내는 문이었음을 므두셀라는 몰랐지만, 생각에 잠기더니

"하나님께서 명하셨으니 뭔가 뜻이 있겠지… 그럼 이제 모든 것이 끝난 건가?"

"아닙니다. 동물들을 암수로 들여보내고 우리 식구들과 동물들을 위한 양식을 준비하라 하셨습니다."

"그렇겠군. 그럼 그 양식을 얼마나 준비해야 한단 말인가?"

"그러게요. 얼마나 물 위에서 살아야 할지는 모르겠는데요?"

"믿음으로 나아가게."

노아와 므두셀라와의 마지막 대화였다.

쨍쨍한 햇볕 아래에 말릴 수 있는 것들은 무엇이든 죄다 말렸다.

풀, 채소, 과일, 생선, 고기까지 야무지게 말리느라, 언덕 위에 늘어놓은 게 장관이었다.

시장을 돌며 싹쓸이로 거두어, 급한 마음으로 바싹 말리고, 생선과 고기는 훈제하여 챙겨 엄청난 양을 전부 방주에 가득 채웠다.

"이제 정말 모든 임무가 완수된 것인가?"

누구 한 사람 수십 년 동안의 노고를 위로하는 사람 없었고, 오히려 왕따 돌림으로 세상과는 등을 진 노아가 방주로 들어가야 하는 시점에서 세상을 돌아봤다.

하늘은 맑았고 세상은 여전히 굳건하게 자리하여 쌩쌩해 보였고, 다만 하나님 없는 사람들의 바쁜 일상만이 팽팽하게 돌아가고 있었다.

"와 저것 봐요, 너무나 신기해요. 빨리들 나와 봐요!!"

야벳이 소리치자 모두 구경을 나왔다.

동물들이 줄을 지어 방주로 차례대로 들어서는 게 아닌가?

"함~ 각자의 방 알고 있지? 방으로 안내를 잘하도록~~"

"물론이죠!!"

신기하고 놀라운 일이 많았지만, 동물들의 행렬은 정말 믿기지 않았다. 아~ 하나님께서 하시는구나!~!! 모두 자연스러운 고백이 터져 나왔다.

친척들도 친구들도 모두 그렇게 방주를 끝까지 외면한 가운데, 정신없이 시끄러운 동물들을 다 태우고 이제 8명 가족만 달랑 방주 문 앞에 서 있었다.

"아버지, 할아버지는 안 타요?"
"응, 할아버지는 안 타시고 우리를 위해 기도하실 거야!"
"그러시구나…"
방주를 타기 전에 올려 드리는 마지막 기도에서, 하나님께서 직접 노아를 부르셨다.
"노아야~~"

여전히 살아 계신 하나님의 음성이 햇살 퍼지듯이 들렸다.
"이제 방주 안으로 들어가라! 문은 내가 달아주마!"
대홍수를 전혀 느낄 수 없는 햇빛 찬란한 현실 앞에, 방주로 들어가야 하는 믿음. 이별을 위해 손 흔들어 줄 이 아무도 없는, 아직도 믿기지 않는 홍수 재앙.
방주에 탄 동물들의 아우성에 노아의 가족들이 정신이 없을 때……
노아가 마지막으로 방주 안으로 들어서자
드디어, 하나밖에 없는 방주의 문을 하나님께서 직접 닫으셨다.

"꽝!"

방주 문이 닫히는 그 꽝! 소리는 하나님의 인내 경주가 끝나는 결승점이었고, 그 문 닫는 소리와 함께 드디어 사명자 므두셀라의 임무가 끝나,

조용히 생의 커튼을 내리는 눈을 감았다.

므두셀라 969세!
아담 이후 1656년, 노아 600세 2월 17일에 일어난 것이다.

므두셀라는 그의 이름대로 자기의 임무를 완수하고 눈을 감았고, 재앙의 홍수는 시작되었다. 갑자기 하늘의 창이 열려 물이 폭포수 같이 쏟아지고, 땅의 샘이 터져 물이 치솟았다! 에녹이 보았던 이상이 그대로 현실로 나타난 것이었다.

그를 지켜봐 주는 사람이 없었고, 그와 같이 오랜 시간을 견뎌줄 마지막 단 한 사람도 없었지만, 하나님께서 인간의 수명이 다하는 그 시간까지 버틸 수 있는 힘주시고 기다리시고 참으심을, 그의 길고도 긴 여정에서 나타내 보이셨다.

미친 므두셀라가 말한 것이 사실이었나? 정말 홍수로 세상을 멸하는 것인가? 사람들이 산에 기어오르는 다급함으로 방주에 다다랐지만 이미 방주는 굳게 닫혀 있었다.

끓어오른 죄악의 불길을 확 씻을 수 있는 홍수. 종류별로 태운 짐승들보다 못한 인간들의 버림받는 시간. 선택받은 동물들은 또한 남아 있는 믿음의 인간들을 위한 혼수품일 뿐이지만, 인간이 버림받는 그 시간에 동물들을 태우신 마음은 또 어떠하셨으랴…

방주의 문 하나만 만드시고 살길을 열어 놓으신 하나님은, 그때나 지금이나 문이 하나라는 이 진리를 누구에게 전하고 계실까? 누가 그 문을 열고 들어오기를 애타게 기다리고 계실까? 말씀을 품은 사명자를 향한 하나님의 다음 임무는 누구로부터 다시 시작하실까?